新时代高校教师发展丛书

教学创新大赛

备赛手册

田洪鋆——著

清华大学出版社

北京

内 容 提 要

全国高校教师教学创新大赛已经开展了多届,涌现了大量的优秀教师和优秀课程,但同时也暴露出一些问题,这些问题包括不了解大赛的要求、不明白教学创新的本质,有的教师也分不清大赛要求的材料及其之间的关系。从全国各地区来看,对于大赛材料的解读和评审要求也存在着理解上的差别。

本书从教育学原理出发,解读了大赛的要求、揭示了大赛的原理,分别介绍了教学创新成果报告、教学设计创新汇报、课堂教学实录的要求及其相互之间的关系,结合实例介绍了上述材料的准备步骤和呈现方式,力图帮助教师理清材料之间的关系,在充分备赛的基础上取得理想的成绩。

本书是一本系统从教育学理论和大赛规范性要求的角度揭示大赛备赛原理的指导用书,是作者在多年指导、培训和评审大赛的经验基础上撰写而成,对参赛教师备赛具有一定的帮助。

图书在版编目(CIP)数据

教学创新大赛备赛手册 / 田洪鋆著. -- 北京 : 清华大学出版社,2024.12.(2025.1重印)(新时代高校教师发展丛书). -- ISBN 978-7-302-67762-8

Ⅰ. G642.421-62

中国国家版本馆 CIP 数据核字第 2024P7Q171号

责任编辑:吴　雷
封面设计:汉风唐韵
责任校对:王荣静
责任印制:刘　菲

出版发行:清华大学出版社
　　　　网　　　址:https://www.tup.com.cn,https://www.wqxuetang.com
　　　　地　　　址:北京清华大学学研大厦 A 座　　　邮　编:100084
　　　　社 总 机:010-83470000　　　　　　　邮　购:010-62786544
　　　　投稿与读者服务:010-62776969,c-service@tup.tsinghua.edu.cn
　　　　质量反馈:010-62772015,zhiliang@tup.tsinghua.edu.cn
印 装 者:北京瑞禾彩色印刷有限公司
经　　销:全国新华书店
开　　本:170mm×240mm　　　　**印　张:**15.25　　**字　数:**201 千字
版　　次:2024 年 12 月第 1 版　　**印　次:**2025 年 1 月第 3 次印刷
定　　价:68.00 元

产品编号:103438-01

序

为什么要写这本书？

全国高校教师教学创新大赛（以下简称"教创赛"）已经如火如荼开展了四届，涌现出大批的优秀教师和优秀课程，但同时也暴露出一些问题，如参赛教师的呈现没有突出创新，不清楚教学创新成果报告和教学设计创新汇报之间的区别，选取的教学片段过于简单，自说自话没有达到赛事的要求等。很多教师自觉比赛结果不理想但又不知道问题出在哪里，更有很多评委（尤其各校初赛）不清楚比赛的底层逻辑，针对同一参赛教师给出相差甚远或者意思不明确的评价，致使教师对比赛结果产生疑惑，也从侧面影响了教创赛的权威性。

教创赛是一个全国范围的比赛，覆盖的教师群体范围广泛，每年参加校赛、省赛和国赛的选手有数万人之多。教创赛又是一个相对新的赛事，各地区、各高校、各位参赛选手对赛事的规则和提交材料的要求还处于自由探索的过程中，没有形成十分一致的认识。虽然很多地区、学校，甚至教师培训机构争相邀请历年比赛获奖的选手分享经验，但此类分享仍停留在经验层面，没有从本质上解释教创赛设立的初衷、对选手的要求以及如何更好地组织参赛材料。上述情况使教创赛处于相对割裂的状态。一方面，该赛事的级别、规模决定了其在目前种类繁多的教师教学大赛中是最受重视、影响最为深远的比赛之一；另一方面，由于该赛事举办时间尚短，对赛事规则和材料要求的理解还没有形成全国性的共识。同时，由于该赛事对参赛选手的要求高于运行多年、同样是国家级赛事的全国高校青年教师教学竞赛（以下简称"青教赛"），教师们一时间也没能很好地理解赛事和准备赛事，造成了各地、各校在做法上存在差异，评委和选手在理解上存在分歧，选手之间的交流也存在不顺畅的情况。这些在实际操作中存在的对赛事规则和要求理解上的差异和分歧，使教创赛的规范性、统一性和权威性都受到了影响。

虽然相关专家和学者也在积极寻求对大赛的权威解释和对参赛选手的正确引导，但目前国内缺乏相关的备赛指导用书。各地方、各高校、各参赛选手只能凭借自己对大赛规则的理解、对相关材料的领会自行组织赛事和准备材料。虽然全国各地也有不少相关培训，但此类培训内容多以参赛选手的获奖经验分享、大赛评委的评审经验介绍为主，缺乏从教育学视角和底层逻辑揭示大赛本质要求的内容，参赛选手不能获得对大赛的正确理解，甚至出现了参赛选手围绕错误的范本相互借鉴、相互模仿、互以为是的情况，这违背了大赛设立的初衷。

笔者常年在"双一流"大学的教师发展一线工作，先后参与了四届教创赛评审工作（包括本校和兄弟院校的校赛、本省和友省的省赛），接触了大量参赛选手，审阅了大量参赛材料，积累了大量的评审经验，同时面向全国高校承担赛前培训工作。在多年的指导、评审工作和教学研究生涯中，笔者发现教创赛的参赛教师存在以下几个方面的误区。

1）对教创赛的本质理解不深刻

教创赛与青教赛是不一样的，前者考查教学研究能力，后者考查教学基本功（也被称为教学实践）。甚至可以说，在教创赛举办之前，国内没有一项教师教学大赛是围绕教学研究能力展开的。熟悉教师教学培训的人一定清楚，在教学这条道路上一直存在教学实践和教学研究的区分：前者是指教师在教学岗位上的实践活动；后者是指教师在教学实践的基础上发现问题、解决问题，进而生产出新知识（创新性地解决其所在领域的教学问题）。所有教师都有教学实践，但只有深入发现问题并解决问题的老师才有教学研究。相较于教学实践，教学研究对教师的要求高很多。实践中，很多教师将教学实践和教学研究混淆，在教创赛的背景下也是如此。教师对教创赛的底层原理（教学研究）没有完全参透，在比赛中出现偏差也是正常的。不只是参赛教师的理解上不去，有时候参与评审的评委的理解也是不正确的。理解教创赛的设计初衷和底层规律需要教育学的基础，受过教育学专业训练的人理解得会更透彻。在我参与的评审工作中，有教育学背景的评委对赛事的点评会更准确一些，但他们也有一定的局限性，教育学出身的学者不了解一线教师如何上课，[①] 给出的意见在理论上是正确的，却不能直接触达一线教师的教学活动（点评正确但选手不理解）。因此，能够把握大赛本质要求的，一定是那些既具有学科教学实践经验又懂得教育学原理的人（评委或者参赛教师）。在教育学原理的指导下解决教师的学科教学实践是教创赛的基本要求。同时，教创赛还要求"创新"，即运用教育学原理解决别人没有解决的问题，或者围绕已经被解决的问题产生比别人更优的解决方案。

2）对参加教创赛应当拥有的原材料认识不清楚

前面已经指出，教创赛着重考查教学研究能力，即运用教育学原理解决课程教学问题的能力，同时强调创新性。在这个基础上，教创赛要求参赛选手拥有一定的原材料才能更好地参与大赛。这些原材料包括课程建设原理[②]和课程教学实践：前者主要是指与课程有关的原理（包括课程模式、课程设计）和与教学有关的原理（包括教学模式、教学设计等）；后者主

---

① 教育学不了解学科，不知道具体学科老师怎么上课。

② 教创赛主要考查课程建设。

要是指教师在自己主讲课程中对课程（课程本身和课程教学）改革的实践操作。此外，由于教创赛是分赛道进行的，如"四新""课程思政""产教融合"，参赛教师还需要深刻领会其所处赛道对课程改革的要求并将其融入实践操作。对参赛教师来说，实践中最难的是教育学相关原理。大学教师都是专业出身（如法学、医学、计算机、化学等），并非出身师范，没有受过教育学原理的深度培训（仅在岗前培训时有一些接触）。[①] 不熟悉、不会应用参赛所需的教育学原理是阻碍教师充分备赛的重要因素之一，这也是本书要详细介绍的内容。总之，教师需要具备上述所有原材料才能加工出教创赛需要的"成品"，缺少任何一个原材料，参赛的效果都不会好，教师取得的名次也不会太理想。

3）不会对原材料进行深加工进而整合成教创赛需要的"成品"

教创赛原则上需要参赛教师提交教学创新成果报告、教学设计创新汇报以及课堂教学实录。这三个"成品"都需要用上文提及的原材料深加工而成。在深加工的过程中，教育学原理、赛道原理以及教师的课程实践都处于什么地位，如何将原材料整合并且符合大赛的评分标准，也是考验参赛教师的难点。深加工不仅要了解上文提及的原理、梳理教师日常的课程改革实践，还需要用一定的逻辑和语言将其准确完整且符合评分标准地表达出来。

本书的写作主要围绕以上三个问题展开，分别设立了认识论篇、原材料篇以及深加工篇，同时，笔者结合大量实际评审的案例，尽可能详细地向参赛教师呈现教创赛的全方面要求，以帮助教师更好地准备教创赛。

笔者也与普通的高校教师一样并非出身师范类院校，而是出自具体学科（法学），也不具备完备的教育学基础，但从 2017 年开始接触教师发展工作以来，有了大量接触教育学、了解教育学基本原理的机会。经过在实

---

① 高校教师一般是因为专业而留校成为老师的，一般没有接受过教育学原理的专业学习（除非师范专业），所以对教育学问题的理解存在理论上的困难。

践中的耳濡目染、前辈们的传帮带以及意识到自身教育学基础不足之后的努力学习，现在稍有能力，既能从一线教师的角度感悟大赛，又能从教育学原理的角度观察大赛。希望笔者特殊的工作、学习经历能够帮助参赛教师更为清晰地理解教师创赛的原理，更好地准备教创赛，取得自己心目中预期的成绩。不得不承认的是，由于笔者的能力所限，尽管也请教了很多教育学出身的专家，但面对繁杂的教创赛要求和底层原理，难免存在疏漏，在此敬请广大读者批评指正。最后，预祝所有的参赛选手各从其欲、皆得所愿！

田洪鋆

2024 年 1 月 13 日

目
CONTENTS
录

第三章 深加工 / 67

第一章

认识论

一、教创赛是教学研究，强调解决问题

教学分为教学实践和教学研究。教学实践是指教师的日常教学行为，所有的教师都有教学实践。教学研究是指教师在教学实践的基础上发现自己所处领域的教学问题，通过分析将其解决，形成了一定的教学研究成果的过程。教学实践和教学研究在教师职业生涯中的位置和作用不同，对教师的影响也不同。一般而言，青年教师主要是积累教学经验（教学实践）——先入门。

正如序言指出的那样，大学教师与中小学教师不同，并非出身师范，而是出身具体专业，如法学、新闻学、医学、化学等，不像中小学教师接受过相对系统和正规的教育学理论熏陶。大学教师入职之前必须经过岗前培训，补充一些教育学相关的理论和方法，然后再开始教学实践。大学教师可能需要经过 5 年以上的实践磨合才能熟悉课堂、学生和授课内容，这些都是教学实践。对于教师而言，光有教学实践是不够的，这只是对既有教学理论和方法的简单应用。大学教师的本职工作除了科学研究还有教学研究，即在教学实践中发现问题、解决问题，形成自己独特的教学成果，反过来指导教学实践，最终推动整个高等教育事业的进步。

因此，在高校教师具备丰富的教学实践经验之后（一般是入职 5~8

年），教师教学发展中心（以下简称"教发中心"）的职责之一就是引导教师走向教学研究的道路。教学研究要比教学实践难很多，它不仅要求教师有丰富的教学实践作为基础，而且要求有研究的精神和方法。其实，教学研究跟科学研究的底层逻辑是一样的，只不过是发生在教学领域内。

一名教师要想在教学的赛道上获得成长，教学研究是必不可少的。本质上，教师在教学方面的阶段性积累，如课程建设、项目申报、教材建设、成果奖申报背后都是教学研究，考查的都是教师的教学研究能力。当然，教学研究不能脱离教学实践单独存在，它是以教学实践为基础的。教学研究在教师职业生涯中的地位是决定性的，几乎所有类型的教学名师、教学荣誉都与教学研究有关。很多学校设有教学型教授，评价和晋级的标准都是以课程建设、项目申报、教材建设、成果奖申报等为载体的教学研究。以往的教师教学大赛，如青教赛并不考查教学研究能力，但是教创赛自举办以来就成为考查教师教学能力的一项全国赛事。进而，该项赛事也成为评价教师荣誉、教师职称晋升的一项强势指标。教师读者们可以翻看一下本校关于教学的评价指标，会发现教学实践一般不会受到奖励，因为它比较基础，构成指标体系要素的都是以课程建设、项目申报、教材建设、成果奖申报、大赛（以教学研究为基础的）为载体的教学研究。

实践中，很多教师分不清教学实践和教学研究的地位和功能，产生过很多误解。一些教师误以为自己课讲得很好，就应该获得教学上的荣誉，这种理解是错误的。课讲得好坏很难量化和客观评价，即便能分出来好坏，讲课也只是教师的基本功，不是高阶教学活动。真正能够被纳入考评指标体系的是在讲好课的基础上从事教学研究，代表活动就是上文提及的课程建设、项目申报、教材建设、成果奖申报以及大赛。笔者曾亲历过一位即将荣休的老教师的控诉场景，该位老教师是以"讲师"身份退休的，课也确实讲得很好（有学生评教数据），但职称问题始终没有得到解决。该位老教师在荣休的仪式上讲了一句让我印象深刻的话，他说学校对不起他们这样的老教师，勤勤恳恳工作了几十年，最后还是以"讲师"身份退休。当然，这位教师的心情是可以理解的，但是除了讲课，没有任何其他标志性的教学研究成果也是事实，没有教学研究成果就没有办法获得教学相关的实质荣誉。本书并不意在讨论目前的教学评价指标是否合理，只是想强调教学研究要比教学实践重要，并且以教学研究为载体的课程建设、项目申报、教材建设、成果奖申报、大赛是教学评价的主要构成指标。

前面提及教创赛与青教赛不同，教创赛考核的是教师的教学研究能力，青教赛考核的是教师的教学基本功。为了更好地准备教创赛以及在比赛中获得理想的结果，参赛教师首先要明白什么是教学研究，它与我们日常的教学实践有什么区别。

教学研究是科学研究的一种，即与教师从事本学科的科学研究（如笔者是法学出身，也做法学研究）本质上是一样的，都是围绕问题提出解决方案，最终实现知识生产（生产新知识），是推动人类在相关领域的认识不断深化的过程。只不过，教学研究是发生在教学领域，使用的是教育学理论，而不像笔者在本专业（法学）从事科学研究时使用的是法学理论。这一点，笔者在后文还会详细论述。

本部分主要介绍什么是教学研究以及教学研究的规律和原理，主要目的是帮助教师将对教创赛的认识提升到教学研究层面。教学研究可以从很多角度来理解：从问题角度来看，教学研究要解决问题，并通过解决问题来探寻真相，获得新知识；从结果来看，教学研究通过解决问题产生了新知识；从过程来看，教学研究强调使用教育学原理，通过分析、论证将问题解决。可能这样介绍对于一线教师理解教学研究还是比较困难的，我们记住一个公式（图1-1）就可以了。

从方法论来讲，研究是指围绕问题给出前提充分的结论，其要素为问题、结论、大前提和小前提①。

图 1－1　教学研究公式

该公式强调以下几个方面内容。

（1）教学研究强调问题导向，即研究的起点是为了解决实践中的问题，这与教学实践是不同的，教学实践不强调解决问题。

（2）教学研究强调正确地解决问题，即要获得正确的结论。这个结论就是我们后续在教学创新成果报告中强调的成果。

（3）教学研究强调正确的结论是需要经过推理②得出的，推理的内涵是指大前提和小前提一一对应且能推出结论③。

（4）教学研究公式中的问题是一个教育学问题，结论也是教育学的解决方案，大前提是教育学的相关理论，小前提是教师所在学科的课程教学实践，即教创赛发生的背景是教育学，必须框住教育学这个理论。这部分比较复杂，此处只是简单介绍原理，在后续的教学创新成果报告部分会详细论述，因为该成果报告主要涉及该公式。

以上就是本书对教学研究的简单介绍。实际上，教学研究是非常复杂

---

①　在教创赛背景下最为主要的论证方式是演绎论证中的三段论，即大前提、小前提和结论。三段论是一种演绎推理的简单判断，大前提是一个一般性的原则，小前提是一个附属于大前提的特殊化陈述，以及由此引申出的特殊化的符合一般性原则的结论。最常见的例子——大前提：人都是会死的！小前提：亚里士多德是人。结论：亚里士多德是会死的。在日常围绕教创赛讲座的时候，很多老师不理解大前提、小前提，这涉及逻辑和论证方面的知识，可以自行补充。

②　推理和论证在本书中是混用的，都是表明前提和结论之间的关系。但实际上两者有细微的差别，推理是指先给出前提，再给出结论，即从前提到结论；论证是指先给出结论，再给出前提，即从结论到前提。

③　请读者注意，本处采用的公式为问题—结论—大前提—小前提，这与作者在别的专著中的表达略有不同：问题—结论—前提（小前提）—未表达前提（大前提），主要是因为在教创赛的场景下，涉及的主要是演绎论证，所以笔者采用了非常简化和直接的表达。在别的论证（推理）类型之下，这个公式会发生相应的变化。

的，只不过在教创赛的背景下没必要也没有空间展开过多内容，为了能让教师快速掌握什么是教学研究就使用了上文的公式，在后续或者教创赛之外，教师如果想要了解更多教学研究的方法论和底层思维可以继续补充阅读。

在介绍完教创赛关注的教学研究之后，我们再来对比一下青教赛关注的教学基本功是什么。教学基本功是指教学基本能力，主要包括：①语言表达，如文字书写、板书、PPT 等；②教学组织，如理解教学目标、准确书写教案与课堂设计；③教学内容把握能力，如教材转化教学内容；④学生认知，如学情与学生认知行为、有效互动和组织等。这些虽然在教创赛中也要求体现，但主要体现在课堂实录环节，而且还要求这些教学基本功为教创赛强调的"教学研究"（尤其是创新成果）服务。介绍到这里，本书的教师读者们是不是已经能分清教创赛的基本要求及其与青教赛等主要考查教学基本功的赛事的最大不同了呢？

二、教创赛是教学创新，属于知识生产

上文的写作目的是介绍教创赛的本质是教学研究，核心任务是引出教学研究公式并说明教创赛与青教赛的不同。本部分是在教学研究的基础上继续介绍教创赛的"创新"是什么意思。这里的创新是指教学创新，它需要依托教学研究才能实现。

"创新"这个词已经被广泛运用在各种场合，除了本部分所提及的教学创新，还有创新型人才、创新能力、技术创新……日常生活中不缺乏与创新有关的词汇组合，但是缺乏对创新底层含义的理解。例如，什么是创新型人才？什么又是教创赛中的教学创新？回答这些问题还要借助上文所提及的教学研究及教学研究公式，所谓创新是指在研究的过程中产生了新知识，即结论是新知识。也就是说，通过解决一个人类没有解决的问题，获得了一个新结论（新知识），增加了人类社会知识的数量，推动了人类

社会向前发展，加深了人类对某个事物的认知。

比如2022年诺贝尔经济学奖得主本·S．伯南克（Ben S. Bernanke）、道格拉斯·W．戴蒙德（Douglas W. Diamond）和菲利普·H．戴布维格（Philip H. Dybvig），他们因"对银行和金融危机的研究"而获此殊荣。经济科学奖委员会主席托尔·埃林森（Tore Ellingsen）表示："获奖者的见解提高了我们避免严重危机和昂贵救助的能力。"简单地说，在三位得主的研究成果（新知识）被生产出来之前，银行总是面临挤兑、倒闭等风险，进而引发金融危机。三位获奖者通过对历次金融危机和银行业的观察，提出了存款准备金这项制度，即银行需要将其揽储的存款按一定比例作为存款准备金交给央行保管，作为对这些商业银行的监管手段，央行保证银行能够正常运行并在遭遇挤兑风险的时候出手施救。因此，托尔·埃林森说三位经济学家提高了我们对银行在经济中（尤其是在金融危机期间）所扮演角色的理解，提高了我们避免严重危机和昂贵救助的能力。这里的"我们"指的是人类，对于人类社会而言，三位经济学家实现了知识的增量，提高了人类认识社会、改造社会的能力。

这是创新的一种情况，即解决了人类没有解决的问题，生产出了新知识，使人类不仅在知识总量上获得增量还推动了人类社会的进步。另一种情况是人类社会对问题有解决方案，但是通过研究获得了更优的解决方案。比如手机从4G过渡到5G属于解决方案的优化，这也实现了人类知识的增量，也是知识生产，推动人类社会的进步，以上就是创新的含义。创新型人才是指我们教育培养的人不仅要具备某一学科的专业知识，还要具有解决问题的能力，不是拥有多少既有的知识，而是在实践中为了解决问题生产出新知识的能力，尤其是在大学所学到的知识不够用的情况下，为了解决问题能生产出新知识的能力。这才是创新型人才的正解。

说回教学创新，它是指我们解决了一个人类没有解决的或者已经解决但是方案有待优化的教学问题，通过推理（大小前提与结论之间的关系）

得出了新的结论（解决方案，也被称为新知识、成果），即这种创新是发生在教学研究领域中的新成果，该结果不仅是区别于前人的知识生产（或优化或创新），而且还能影响别人，对别人有帮助（如教学创新成果报告中对成果成效和辐射的要求）。比如，笔者撰写的《批判性思维视域下课程思政的教与学》就属于教学研究，解决的是课程思政"两层皮"和"融入难"的问题，通过提出观念的原理及将观念结合教学设计的方案解决了"融入难"的问题。这就是教学创新（也是创新成果），增加了人们对融入问题的理解。同时，每年围绕这个成果要主讲几十场讲座，与众多高校进行交流，这也表现了该成果的成效和辐射范围。

再说回教创赛，教创赛不仅强调教学研究，还强调在教学研究的基础之上生产出具有创新性的教学成果。很多教师对创新有误解，以为之前没有用 PBL 教学法，现在使用了就叫作创新，这只能被称为在教学实践（在教学方法层面）中的一个变化，具体能不能被称为创新，还要看作者解决了什么问题，以该 PBL 教学法为构成要素之一的解决方案增强了人们对教学方面的哪一部分理解，实现了什么样的知识增量，但使用 PBL 教学法不是创新。再次强调，在教学实践中的变化不是创新（实际上只是上文中的小前提，这将在后文继续展开解释），教学实践中的诸多变化是怎样在符合教育学原理的情况下创造性地产生了一个结论（即新知识，这才是创新），这个结论使人们对问题有了新的理解和认知才是创新。

三、教创赛是教学学术，使用教育学原理

在日常的教学工作中，困扰高校教师的几个词汇分别是教学研究、教学创新和教学学术。我们在上文已经介绍了教学研究、教学创新，本部分要揭示教创赛和教学学术之间的关系。先摆明观点，教创赛既是教学研究，又是教学创新，还是教学学术。要想理解教学学术，我们还要动用上

文的图 1 – 1。

　　教学学术是指在教学研究过程中使用的是教育学理论，解决的是教育学的问题，形成的是教育学的解决方案。教创赛是教学学术，它一方面强调教创赛发生的场景只能是在教育学范畴，而不是在其他的学科范畴；另一方面强调教创赛必须使用教育学理论解决问题，而不是感性认识、其他学科知识或者是经验。我们先从一个朴素的生活例子来理解教创赛是教学学术，必须使用教育学理论解决问题的要求。试想一下，如果我们在日常生活中牙疼会去找谁帮我们解决问题呢？如果是一个正常人一定会找牙医，因为牙医具有关于牙的医学知识，能够治疗我们的牙齿疾病。这个生活例子就暗含了一个基本原理——什么问题就要使用什么样的知识（原理）来解决。同理，教创赛发生在大学教学的场景中，提出的是教育教学的问题，能够解答此类问题的一定是教育教学理论。所以教创赛是教学学术的观点强调参赛教师必须使用教育学原理来从事教学研究、实现教学创新，最终达到获得更好比赛成绩和实现教学能力提升的目的。

　　但现实的情况是，高等学校的教师并非都出身师范（除了师范院校），他们是因为自己的学科（如法学、医学等）才留校当教师的。这与中小学教师不同，大学教师并不具备系统而深入的教育学理论知识。造成这种情况的主要原因在于高等教育是专才教育，培养的是具备某一学科知识体系的专业人才。高等教育之外的中小学教育是通才教育，并不区分学科。有的高校有师范专业，或者有高教研究所，这会使得这部分领域的教师具有相关的教育学理论基础。除此之外，绝大部分高等院校的教师是不具备系统而深入的教育学基础的，这就使得这部分教师可能做了大量而丰富的本学科的日常教学实践和改革，但这些教学实践仅停留在经验探索层面，没有上升到教育学理论层面，因此是不稳定的、不本质的和不可靠的，无法实现迁移和复制，更不要说形成成果进而观察它的成效和辐射效果。

　　参加教创赛最难的部分也是教育学的相关理论给教师带来的挑战。参赛教师分不清教创赛所要求的、必须具备的课程理论和教学理论的关系；分不清教学模式和教学设计之间的关系；分不清课程设计和课程建设之间的关系。这就使得大量教师虽具有丰富、广泛的学科教学实践，但始终不得其法。他们无法用教育学的逻辑和术语，将自己在日常教学实践中的工作总结提炼并表达出来。本书在第二章详细介绍了参加教创赛需要的原材料，其中一个重要的部分就是参赛教师必须掌握的相关教育学原理。本书在此处就不详细展开了，教师只要认识到，参赛就必须使用教育学的相关原理来归拢、整理教学实践，使之符合教创赛的展示逻辑即可。至于相关原理都有哪些，具体内容如何，如何与自己的教学实践相结合是本书后续两章的内容。

以上三点是对教创赛本质进行的剖析，教创赛是教学研究，教创赛是教学创新，教创赛是教学学术。这三重本质强调的侧重点各有不同，但都是建立在图1-1的教学研究公式基础上的。我们对其进行总结，用表1-1呈现，以帮助教师更好地理解教创赛的本质。

表1-1 教创赛的三重本质

教创赛的本质		
分　类	侧　重　点	注　意　事　项
教学研究	强调"解决问题"	要求大小前提能推出结论，强调论证
教学创新	强调"结果"的正确且创新	生产新知识，是创新，不是具体某个点的变化，是变化的集合凸显的结果的创新
教学学术	强调"大前提"的理论性	使用教育学理论，具体为课程理论、教学理论

教创赛的第一层本质是教学研究，是解决问题。教创赛要求参赛教师始终有问题意识，并在解决问题的过程中遵守逻辑的要求，满足论证关于大前提、小前提及它们和结论之间关系的要求。教创赛的第二层本质是教学创新，是指参赛教师在解决问题的环节生产出新知识，即新的东西。如果参赛教师通过解决问题生产出来的是已经存在许久的既有知识（即旧东

西），那就不具有创新性。同时，教学创新与具体教学实践中的教学变化是不一样的，有的教师采取了线上线下混合式教学、PBL教学方法、小组讨论或者BOPPPS的教学结构就认为自己是创新。这些是在小前提（即自己的教学实践）中采用了一些方法，发生了一些变化，具体是不是创新还得看这些变化是否结合大前提解决了问题并形成了创新性的解决方案（结论）。因此，所谓教学创新不能只从微观的实践操作角度来谈，还需从结论角度来谈。教创赛的第三层本质是教学学术，是指参赛教师解决的问题是教育学问题，使用的是教育学原理，得出的是教育学解决方案，这一点很重要。在实践中，我们也看到很多参赛教师"像模像样"地解决了问题，但是问题不是教育学问题，结论也不是教育学学科范畴的解决方案，这就不是在教育学范畴讨论问题。教学学术的集中表现就是使用了教育学的理论，就像患者牙疼去医院，医生使用的是牙科医学理论医治患者，而不是使用心理疗法等其他学科理论治疗。这一点对参赛教师最难，因为大学教师一般不具有系统而深入的教育学理论，没有理论就识别不了教育学问题，也无法分析，更无法得出创新性的解决方案，所以要想参加教创赛就必须补充一些相关的教育学理论知识。当然，参赛教师也不必有畏难情绪，这部分理论知识的补充相对简单，教创赛并不要求全面掌握教育学理论，只需要掌握其考查的课程理论和教学理论即可，范围相对可控，也没有那么高的理论要求。

四、教创赛分赛道进行，理解赛道要求

教创赛是分赛道进行的，从第四届比赛的实际情况来看，主要分为"四新"（新工科组、新医科组、新农科组、新文科组）赛道、"课程思政"赛道、"产教融合"赛道以及"基础课程"赛道共七组，每组下设正高、副高、中级及以下三个小组。这只是第四届比赛的要求，在后续的比赛中该项要求还会随着国家政策的调整以及新教育政策的出台发生改变。

本书之所以提示教创赛有不同赛道，是因为在之前的比赛中，我们发现一些教师虽然被归类到某些赛道之下，却没有按照相应赛道的要求参赛或者没有体现赛道的特点，也许参赛教师并没有理解其所属赛道的要求。这部分主要提示教师，要深刻理解其所属赛道的要求并将赛道的要求融入自己的日常教学实践中，在比赛的过程中需要结合教育学理论整合自己的内容。也就是说，教师的日常教学实践既要符合赛道原理的要求，又要符合教育学原理的要求。由于笔者是文科出身，又曾经出版过课程思政的专著《批判性思维视域下课程思政的教与学》，本书与赛道有关的内容多从新文科、课程思政等方面进行展示，其他赛道的选手还需要扩展阅读以了解各赛道的要求。本书在后文还会继续解释赛道原理、教育学原理与教师手中的具体课程实践是如何结合在一起的，在此就不赘述了。

五、教创赛考查前期积累和团队

教创赛属于教学研究，比教学实践难，是教师在具有丰富教学实践的基础上才能开展的活动。教创赛对参赛教师的要求很高，具体而言表现在以下两个方面。

（1）教创赛需要参赛教师有前期积累。教创赛对参赛教师是有要求的，不仅在形式上要求参赛教师教龄要满足一定的年限，所承担的课程也需要经过几轮讲授，总之教创赛不是一个新留校（或者教龄很短）的教师就能参与的事情。以上都是"形式要件"，最主要的是教创赛要求参赛教师有前期积累——在课程建设、教学研究项目、教材撰写等方面的积累。教师不能对什么是教学研究、教学研究的主要载体①都不了解，也没有开展过教学研究就直接参加教创赛，那样是不符合大赛要求的。此外，教师在提供教学创新成果报告的时候还需要提交证明材料支撑其研究成果，如

---

① 课程建设、教学研究项目、教材建设、论文撰写、专著出版、教学成果奖申报等。

果教师在课程建设、教学研究项目、教材建设、论文撰写、专著出版、教学成果奖申报等方面没有任何建树，就无法提供教创赛要求的支撑材料。

（2）教创赛需要参赛教师有团队。大型的课程建设是需要团队支撑的，教创赛主要考核的就是课程建设，一个人可以承担课程的讲授工作，但是课程建设不是一个人能够完成的。因此，教创赛允许甚至鼓励课程团队的出现，更何况课程设计的重要组成部分之一就是课程团队。一个更为有力、更能支撑课程的团队，老中青、校内外、产教结合的团队能够更好地支撑课程建设。此外，团队内部还需要有保障机制，如集体备课制度、科研对教学的反哺机制等都能更好地促进课程建设。

第二章

原材料

一、教育学理论——大前提

本部分介绍教创赛需要的原材料，还是建立在上文所提及的教学研究及其公式（图1-1）的基础上的。首先，教学研究需要用教育学原理解决问题。其次，教育学原理是教学研究中的大前提，这是教育学原理在整个教学研究（教创赛）中所处的位置，这一点还需要参赛教师有清醒的认识。最后，教创赛需要的教育学原理主要是课程建设原理，因为教创赛主要是为了促进参赛教师建设一流课程。我们先对课程建设进行界定，它是指对一门课程进行全面规划、设计和实施的过程。如图2-1所示，它是一个比较大的上位概念，既包含课程的相关内容，又包含后文将要展开的教学相关内容（后文有详细解释）。从课程角度来看，它既包含围绕课程设计各要素（后文有详细解释）进行建设，还包含围绕课程设计之外的各要素（如平台、资源、课型、课程模式等方面）进行建设。从教学角度来看，它包含教学模式和教学设计等内容。教创赛其实就是在一流课程建设背景下开展的比赛，主要考查的就是课程建设，只不过年轻教师或者课程建设时间不长的教师主要围绕课程设计和教学设计各要素展开建设，而教龄比较长、课程建设时间较长的教师或者担任一定领导职务的教师就可能不仅围绕课程设计各要素，围绕平台、资源等方面展开建设。

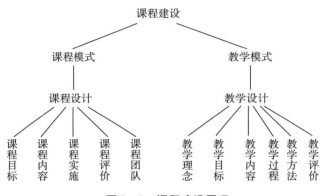

图 2-1　课程建设原理

　　具体而言，课程建设原理分为两大类——与课程有关的原理和与教学有关的原理。与课程有关的原理包含课程模式和课程设计；与教学有关的原理包括教学模式和教学设计。课程设计和教学设计的内容模块大致相同，只不过课程设计是针对一门课展开的，教学设计是针对一个教学单元展开的，接下来我们分门别类地加以介绍。

（一）与课程有关的原理

1. 课程模式

　　课程模式是课程建设的下位概念，又是课程设计的上位概念，处于中观层面。课程模式在本部分是指课程设计模式，是课程设计的底层思考，即课程是按照什么模式生成的。只有先了解课程生成的底层逻辑，才能分析课程设计所包含的五个方面——课程目标、课程内容、课程实施、课程评价和课程团队，课程设计模式是在设计课程时首先要考虑的内容。课程设计模式主要包括四种：目标模式、过程模式、实践模式以及批判模式。其中目标模式是以目标为课程设计的基础和核心，围绕课程目标的确立及实现、课程评价而进行课程设计的模式，是 20 世纪初开始的课程开发科学化运动的产物。

1949 年，拉夫尔·泰勒出版《课程与教学的基本原理》，从此该书成为课程研究与开发领域的经典之作，泰勒被誉为"现代课程之父"。在书中，泰勒开宗明义地指出，开发任何课程和教学计划都必须首先回答四个基本问题：

（1）学校应该试图达到什么教育目标？（确定目标——课程目标的选择）

（2）提供什么教育经验最有可能达到这些目标？（选择经验——学习经验的选择）

（3）怎样有效组织这些教育经验？（组织经验）

（4）我们如何确定这些目标正在实现？（评价结果）

这四个基本问题［确定教育目标、选择教育经验（学习经验）、组织教育经验、评价教育结果］构成著名的"泰勒原理"，也被称为"目标模式"。目标模式提出并发展了一种至今最具权威的、系统化的课程设计理论，为课程设计的探究奠定了基础。

但在 20 世纪 70 年代初以后，人们开始从完全不同的视角来探讨泰勒的目标模式并进行反思。他们认为目标模式过于脱离实践，完全是理论知识的展现，即按照学科的逻辑将知识整合起来。目标模式受到了各种挑战，课程研究领域随之发生了极大变化，人们不再满足于对泰勒课程原理的修修补补，而是试图从不同的视角来探讨课程。因此产生了其他三种模式：过程模式、实践模式、批判模式。

以斯腾豪斯为代表的过程模式：课程不应以事先规定好的结果为中心，要以过程（学生的行为表现）为中心。教师与学生最大限度地教与学，本身就构成了目标。知识不是现成的让学生接受的东西，而是思考的对象；教育是要通过促进学生思考知识，使他们得到真正的解放。为了使学习更加有效，教师需要成为课程研究者。施瓦布的实践模式也是针对传统的"理论的"课程设计模式提出的。他认为，课程领域已经到了穷途末路，原因是过于依赖理论，要把主要精力从追求理论转向解决实际问题。实践中的问题都是具体的、特定的，不可能只受一种理论的指导，为此他提出了"实际—准实践—择宜"的运作方式。批判模式研究者认为，课程内容不只是教育上的问题，也是政治、经济和意识形态上的问题，他们关注的是意识形态和政治经济对学生成长和发展的影响，试图指出因种族、社会经济地位、性别等差异，带来的教育权利、教育机会、教育质量等方面的不平等现象，并力图克服它们。这三种具有代表性的课程编制模式有的还不完善，但它们确实对传统目标模式无法解决的一些问题提供了解决思路，有助于加深对课程编制原理的理解。

目标模式是课程设计与开发的早期产物，属于偏重演绎式、理论性的设计模式。这种设计模式的好处在于稳定、可预见、体系性，缺点在于不能反映实践过程、学生的学习过程以及教育和外在环境（如政治、经济和意识形态之间）的制约与反制约关系。对于非教育学出身的一线教师而言，课程设计模式的理论过于专业，很难理解。我们用最简单的话来概括一下，在考虑课程设计模式的时候，教师要思考的问题是，我的这门课程是设计成纯理论的，还是理论和实践相结合的形式？是完全的知识传授，还是考虑学生的学习方式和接受程度将学生纳入知识生成的考虑范围？是否考虑课程之外的一些关于经济、政治和意识形态的问题？这就将上述四种课程设计模式融入其中。

2. 课程设计

课程设计则更多地关注教育的本质和目的，是一个更常见的概念，旨在确保教育能够有效地满足个人的需求和社会的发展。课程设计的内容主要包括以下五个方面。①课程目标设定：明确教育应该达成的长期和短期目标。②课程内容的选择和组织：根据教育目标选择合适的课程内容，并将它们有序地组织成课程结构。③课程实施：选择最有效的教学策略和方法来帮助学生理解和掌握知识。④课程评价：定期评估课程的效果，以便及时调整和改进。⑤课程团队：课程师资团队构成、职责分配以及相关机制建设。课程设计对一线教师是最为重要的概念之一，我们稍微详细一点展开介绍。

1）课程目标

要想准确定位课程目标，我们首先需要将其与教育目的、培养目标、教学目标等相关概念进行区别。教育目的是一定社会培养人的总要求，是根据不同社会的政治、经济、文化、科学、技术发展的要求和受教育者身心发展的状况决定的，它反映一定社会对受教育者的要求，是教育工作的出发点和最终目标，也是制定教育目标、确定教育内容、选择教育方法、评价教育效果的根本依据①。因为教育目的是从整个国家和社会的角度观察，因此其只能是总体性的、高度概括的，而不可能是具体的、菜单式的。培养目标是对各级各类学校的具体培养要求，它的观察角度是各个学校，制定者通常根据国家的教育目的和自己学校的性质和任务，对培养对象提出特定要求。教育目的和培养目标没有实质性的区别，只是所处的层面不同。教育目的是整个国家各级各类学校必须遵守的统一质量要求；培养目标则是某级或某类学校的具体要求。后者是前者的具体化②。课程目标是指导整个课程编制最为关键的准则，确定课程目标首先要明确课程与教育目的、培养目标的衔接关系，以便确保这些要求在课程中得以体现。其次，在对学生的特点、社会的需求和学科的发展等各个方面进行深入研究的基础上，才有可能确定行之有效的课程目标。最后，课程目标的编写不仅要注意到学科的逻辑体系，还要关注到教与学之间的关系，更主要的是要注意到课程内容与社会需求的关系。教学目标是一个最小的概念，是课程目标的进一步具体化，是指导实施和评价教学的基本依据。

确定课程目标是一项具有创造性的工作，教育界对课程目标应该包含

---

①　夏征农.辞海:教育学·心理学分册[M].2版.上海:上海辞书出版社,1987.

②　班华.中学教育学[M].北京:人民教育出版社,1992.

什么内容有着不同的看法，大家比较认同的确立课程目标的依据主要有三个方面：对学生的研究、对社会的研究、对学科的研究。对学生的研究，是指课程的一个基本职能就是要促进学生身心发展，把人类认识和改造世界的经验结晶有效地传递给年轻一代。在确定课程目标的时候，要关注有关学生的各种研究，尤其是有关学生的兴趣与需要、认知发展与情感形成、社会化过程与个性养成方面的研究，以及关于学习发生条件等方面的研究。对社会的研究，是指学生个体的发展总是与社会发展交织在一起，人类社会在任何时候都有一个共同的需要——把社会文化遗产传递给年轻一代，社会意识形态的确立，社会政治关系的维护和发展，社会经济关系的认知、态度和行为方式等都需要以课程为中介达成，因此课程目标的确定也必须基于对社会的研究展开。对学科的研究，是指学科知识是学校课程最重要的支柱，专家学者是编写课程教科书的主要力量，那么学科专家所熟悉的该领域的基本概念、逻辑结构、探究方式、发展趋势以及该学科的一般功能及其与相关学科的联系都是确定课程目标的基本依据。

2）课程内容

课程内容是指各个学科中特定的事实、观点、原理和问题，以及处理它们的方式。课程目标一旦有了明确的表述，就在一定程度上为课程内容的选择和组织提供了一个基本的方向。课程内容的选择和组织，是课程编制过程中的一项基本工作，涉及的问题很多，也是所有课程问题的集合点。在选择和组织课程内容时，除了要考虑与目标的相关性，还要考虑内容的科学性和有效性，以及它们对学生和社会的实际意义、能否被学生接受、是否与学校教育的基本任务相一致等问题。

3）课程实施

课程实施是指把课程计划付诸实践的过程，是达到预期课程目标的基本途径。学界关于课程实施有两种影响比较大的观点：一种观点认为，课程实施问题就是研究一个课程方案的执行情况，对课程实施的研究重点是考查课程方案中所设计内容的落实程度。这种观点是将课程方案看作固定的、不可变更的，实施就是一个执行的过程。作为课程执行者的学校和教师，应当很好地理解和运用课程，忠实地执行课程方案中规定的项目。而实施效果如何，取决于课程执行者对课程方案的理解水平和落实程度。另一种观点则认为，课程实施是作为一个动态的过程存在的，是将一项课程改革付诸实践的过程，实施的焦点是实践中发生改革的程度和影响改革程度的因素。因此，课程实施问题不只是研究课程方案的落实程度，还要研究学校和教师在执行具体课程的过程中，是否按照实际情况对课程进行了调适，以及影响课程改革程度的因素。

以上是两种比较典型的对课程实施的认识。可以说，对课程实施的不同认识，导致了课程实施的策略选择、课程实施取向以及实施过程中问题解决方式的不同。尽管人们对课程实施的认识不一，但至少在三个方面已达成共识：①课程实施是将编制好的课程计划付诸实践的过程，是实现预期的课程理想，达到预期的课程目的，实现预期教育效果的手段；②课程实施是通过教学活动将编制好的课程付诸实践；③课程实施的焦点是实践中发生改革的程度和影响课程实施的因素。

4）课程评价

课程评价是指研究课程价值的过程，由判断课程在改进学生学习方面有价值的活动构成，包含对课程计划、课程目标、教材在改进学生学习方面的价值作出判断的活动或过程，一般包括对课程目标体系的评价、对课程计划的评价、对课程标准的评价、对教材的评价等核心内容。它的实施一般是由接受过专门培训的评价人员、借助于专门的评价方法和技术进行的。课程评价的作用包括诊断课程、修正课程、比较各种课程的相对价值、预测教育需求、确定课程目标达到的程度等。

课程评价的基本类型主要包括：①根据评价对象的不同，可将广义的课程评价分为学生评价、教师评价、学校评价、狭义的课程评价等；②根据评价主体的不同，可把课程评价分为自我评价和外来评价；③根据评价的目的不同，可把课程评价分为诊断性评价、形成性评价和总结性评价；④根据评价的参照标准或评价反馈策略的不同，可把课程评价分为绝对评价、相对评价和个体差异评价；⑤根据评价手段的不同，可把课程评价分为量性评价和质性评价。

5）课程团队

课程团队是指为了更好地达成课程实施效果，在构成、年龄、结构、学历、责任、分工等方面的基础上筛选团队成员以及确立相关运行机制。课程团队是课程实施的保障，也是课程评价的主体，还是课程内容的不断完善者，更是确保课程目标能够达成的基础。良好的课程团队要求在人员数量、结构、年龄、学历、分工方面有明确的规定，通过相互配合来实现课程的整体实施，同时还要求有相应的机制来保证团队的稳定运行。

综上，我们就将课程相关的理论介绍完毕。单纯从与课程有关的理论来看①，课程建设是一个更宏观的概念（表2－1），包含的内容比课程模式、课程设计还要丰富，也是一个顶层设计的文件。相对于课程模式和课程设计，它更进一步包含了一些规划、排序、设置、资源平台建设等方面的内容。

表2－1　课程建设、课程模式和课程设计的区别与联系

	与课程有关的原理	范　畴
课程建设	包含课程模式、课程设计和资源、平台建设等内涵，此外还包含教学模式和教学设计	范畴最大
课程模式	包含目标模式、过程模式、实践模式以及批判模式	范畴居中
课程设计	包含课程目标、课程内容、课程实施、课程评价和课程团队	范畴最小

（二）与教学有关的原理

教创赛中与教学有关的原理主要涉及教学模式和教学设计，教学模式

_____

① 下文的与教学有关的原理其实也可以归入课程建设。

是一个相对上位的概念。教学设计可以依据确定的教学模式展开，因此是一个相对下位的概念，也是教创赛常用的原理。我们先介绍这些概念的内涵，然后再分析教创赛的要求是怎样与这些教学原理结合起来的。

1. 教学模式

教学模式可以定义为在一定教学思想或教学理论指导下建立起来的较为稳定的教学活动结构框架和活动程序。这个概念的核心表述来源于美国研究者乔伊斯和韦尔的《教学模式》。这个概念中有两个关键短语：稳定的教学活动结构框架和教学活动程序。这两个短语抓住了教学模式的本质，也是我们判断教学模式形成的主要指标。作为教学活动结构框架，教学模式强调从宏观上把握教学活动整体及各要素之间的关系和功能；作为教学活动程序，教学模式强调有序性和可操作性。总之，固定、稳定和模型化是教学模式的关键词，它是某种理论模型在现实操作中的固定结构。课程设计可以依据教学模式来组织和设计教学内容，我们通过表 2 - 2 将常用的教学模式总结一下。

表 2 - 2　常用的教学模式

模式	人物	基本含义	教学步骤	实现条件	教学评价
传递—接受式	赫尔巴特	该模式以传授系统知识、培养基本技能为目标。其着眼点在于充分挖掘人的记忆力、推理能力与间接经验在掌握知识方面的作用，能够使学生比较快速有效地掌握更多的信息。该模式强调教师的指导作用，认为知识是从教师到学生的一种单向传递，非常注重教师的权威性	①复习旧课；②激发学习动机；③讲授新课；④巩固练习；⑤检查评价；⑥间隔性复习	教师发挥主导作用：①教师要根据学生的知识结构和认知水平对教学内容进行加工整理，力求使所传授的知识与学生原有的认知结构相联系；②教师在传授知识的时候需要很高的语言表达能力，同时要对学生在掌握知识时常遇到的问题有觉察和处理的经验	优点：适合任何学科、任何阶段的学生，易于发挥教师的主导作用，使学生短时间内接受大量信息。缺点：学生很难真正理解接收的信息，易培养单一化、模式化的人格，不利于创新、分析能力的发展，不利于培养学生创新思维和解决实际问题的能力

模 式	人 物	基 本 含 义	教 学 步 骤	实 现 条 件	教 学 评 价
问题探究式教学	布鲁纳、杜威	教学活动以解决问题为中心，学生在教师指导下发现问题、提出问题并通过自己的活动找到问题	①问题；②假设；③推理；④验证；⑤总结提高	教师的作用是引导学生主动探究	优点：能够培养学生的创新能力和思维能力，能够培养学生民主与合作的精神，能够培养学生自主学习的能力。缺点：一般只能在小班进行，需要较好的教学支持系统，教学需要的时间比较长
抛锚式教学（实例教学、情景教学、基于问题的教学）	建构主义者	这种教学要求建立在有感染力的真实事件或真实问题的基础上。确定这类真实事件或问题被形象地比喻为"抛锚"，因为一旦这类事件或问题被确定了，整个教学内容和教学进程也就被确定了（就像轮船被锚固定一样）	①创设情景；②确定问题；③自主学习；④协作学习；⑤效果评价	情景设置与最终确定的问题要保持一致，问题难易适中，要具有一定的真实性，在教学中要充分发挥学生的主体性	优点：能培养学生的创新能力、解决问题能力、独立思考能力、合作能力等。缺点：情景创设、节奏控制对教师要求较高，很容易适得其反
范例教学模式	瓦根舍因	遵循人的认知规律：从个别到一般、从具体到抽象的过程。在教学中，一般从一些范例分析入手感知原理与规律，并逐步提炼进行归纳总结，再进行迁移整合	①阐明"个"案；②范例性阐明"类"案；③范例性地掌握规律原理；④掌握规律原理的方法论意义；⑤规律原理运用训练	选取不同的带有典型性的范例。从个别入手，归纳成类，再从类入手，提炼本质特征，最后上升到规律与原理	优点：有助于培养学生的分析能力，有助于学生理解规律和原理。缺点：比较适合社会科学中的一些原理和规律教学，范例分析比较困难，对教师要求较高

续表

模式	人物	基本含义	教学步骤	实现条件	教学评价
情景—陶冶教学	洛扎诺夫	使学生处于创设的教学情景中，运用的无疑是学生的心理活动和情感，加强有意识的理性学习活动	①创设情景；②情景体验；③总结转化	教师是学生情感的激发者和维持	优点：容易激发学生的情感状态，建立良好的师生关系。缺点：适用范围相对局限，对教师课堂的把控能力要求高

从表2-2可以看出，教学模式是从教学的整体出发，根据教学的规律原则，归纳提炼出的包括教学形式和方法在内的具有典型性、稳定性、易学性的教学样式。简单地说就是在一定的教学理论指导下，以简化形式表示的关于教学活动的基本程序或框架。它是教学设计的基础，任何模式都不是僵死的教条，而是既稳定又有发展变化的程序框架。教创赛的场景中，除了传递—接受式教学模式，其余几种模式经常被使用也比较符合比赛要求。教学模式对我们后续理解教学设计以及课堂实录教学片段的选取都有很大帮助，具体内容我们在后文会详细解释。

2. 教学设计

教学设计是运用系统思想和方法，以学习理论、教学理论和传播理论为基础，计划和安排教学全过程的诸环节和各要素，以实现教学效果最优化为目的的科学。教学设计以教学过程为研究对象，用系统思想和方法来分析教学过程的各要素，用最优化的思想和观点对教学过程进行设计，给教师的教学过程提供一个具体的、可操作的教学活动实施方案[①]。良好的教学设计能够充分体现学习者的主体地位，使教学工作更加科学化，提高教学效率，增强教学效果，也更能调动学习者的积极性。教学设计的要素包括教学目标、教学内容、教学过程与方法、教学评价等环节。除了常规

① 张海珠.教学设计[M].北京:北京师范大学出版社,2013.

的教学设计内容之外，教创赛还要求介绍教学理念，这部分内容也十分重要，本书将这些内容都整合到一起供教师们参考。教学设计的内涵和模块与课程设计几乎是一样的，差别在于教学设计针对的是一个教学单元，而课程设计针对的是整门课程。

值得注意的是，教创赛要求的教学创新成果报告和教学设计创新汇报都是围绕一整门课进行的[①]，课堂教学实录视频是围绕一节课进行的。有的学校为了支撑课堂教学实录，也要求提供一节课的教学设计，针对课堂教学实录一节课的教学设计和针对一整门课的教学设计创新汇报的内容是不一样的。或者从更为本质的角度来说，教学设计创新汇报虽然名为"教学设计"创新汇报，但因为其涉及一整门课，其实是课程设计[②]。本书将教创赛要求提交的材料和背后所涉及的教育学原理整合到表2-3，以帮助参赛教师更好地理解它们之间的关系。

事实上，如果我们从要件观察的话，课程设计和教学设计的内容模块一样，都包括目标、内容、过程、方法、评价等，只不过前者针对的是整门课，后者针对的是一个课程单元。整门课一般用的是课程设计，即使表述成《×××课程》的"教学设计"，它的本质依然是课程设计；一个教学单元或者一堂课就是纯粹的教学设计了，这一点希望参赛教师区分清楚。

---

① 也有很多专家(包括笔者)认为大赛对教学设计创新汇报的规定不明确,不能判断是围绕一节课展开还是围绕一整门课展开。因为教学设计这个词是一个微观词汇,不是形容一整门课程的。但是,历经了这么多届大赛,约定俗成的都是围绕一整门课展开,从现实的角度来看,目前将教学设计创新汇报解读成一节课有困难,因为要对抗多年形成的习惯和传统。但实际上,大赛在这个方面的要求有点逻辑上的矛盾,即没说清楚。我们只能先按照一整门课来制作教学设计创新汇报的内容,至于后续大赛组织方能不能作出明确的解释和调整,我们可以持续观望。但无论如何,都摆脱不了微观的教学设计(一节课)和宏观的课程设计(一整门课),而教学设计和课程设计的模块内涵也相差无几,只不过所处层面不同。所以,选手也不必过分纠结。我们可以关注大赛后续的一些细化指导,然后作出相应的调整。无论怎么调整,也不会跳出本书所提及的课程建设的逻辑。

② 也有专家认为教学设计创新汇报的评分指标就说明其是一节课的教学设计,这种观点其实有道理,但在现实中行不通,因为之前历届省赛和国赛的现场汇报都是围绕一整门课展开的,想改变这个现状需要官方作出权威的声明和解释。所以,本书也只能按照传统将教学设计创新汇报解读成一整门课,使用了"教学设计"这个微观概念。如果后续主办方出台了细化的解释和声明,厘清了两者的关系,本书依旧可以用于新的大赛规则,因为原理并没有变化。

表 2-3 教创赛需要提交的材料及对应的教育学原理

材料 1	材料 2	材料 3	
教学创新成果报告	教学设计创新汇报	课堂教学实录	支撑课堂教学实录的教学设计
围绕一整门课	围绕一整门课	围绕一节课	围绕一节课且与课堂教学一致
涉及所有课程建设理论	课程设计（评分标准表述为教学设计）	教学设计	教学设计

教创赛在整门课的汇报上并没有十分明确地区分课程设计和教学设计，也就是说，教学设计创新汇报本质上考查的应该是课程设计，因为其是针对一整门课展开的，但在教创赛的评分标准里都描述成了教学设计。接下来，我们逐一介绍教学设计的主要内容。

1）教学理念

教学理念是人们对教学活动持有的基本态度和观念，是人们从事教学活动的信念。教学理念的明确表达对教学活动有着极其重要的指导意义。需要注意的是，教创赛评分标准中所提及的教学理念是指教育学理念，参赛教师可以参考本书列举的八大教学理念，而不是随意将自己认为的理念安插到教创赛中充当教学理念。

（1）关注思维培养。近些年，教育部印发了《教育部关于加快建设高水平本科教育全面提高人才培养能力的意见》（以下简称《新时代高教 40 条》）等文件，明确指出教育的主要方向是"提高人才培养能力"和"立德树人"。前者要求高等教育必须以提高人才培养的能力为目标；后者要求教育发挥育人功能解决思想认识问题。这两项举措无疑是国家结合当今时代形势对教育提出的本质化要求。然而，以"知识传递"为主的教育体系在满足上述两个要求时是乏力的。知识与能力之间还需要转化，知识不能直接变成能力，受教育者学到的知识，还需要在思维的指导之下才能转变成解决具体问题和实际问题的能力。同样，知识的传递也解决不了"立德树人"和"育人"目标的问题。"立德树人"涉及的是人头脑中的观念培养，这依旧是思维培养的范畴，人头脑中的观念是不能单纯依靠知识的灌输而被确立起来的。

中国目前的教育体系还是以"知识传递"为主，虽然我们将批判性思维作为高等教育的一个重要培养目标，也明确了批判性思维对于大学生以及高等教育的重要意义，但是我们缺乏对于批判性思维内涵的准确理解；没有将批判性思维通识化以便于学生接受；更缺乏将其融入日常教学的能力和方式。所以，目前以"知识传递"为主的中国高等教育体系不能满足国家对于高等教育提出的各项要求。要想破解教育与国家、社会和个人全面发展需求脱节的问题，就必须实现中国教育内容从"知识传递"向"思维培养"的转型，相应地，在教学方式上也要发生一系列的变革。

在教创赛的实践中，我们经常能够看到选手以"临床思维培养""学科思维培养""实践思维培养"等表述来命名自己的成果报告，这也从侧面说明了思维培养的重要性，也是指导一线教师从事课程建设的一个基本的理念。

（2）关注高阶认知。本杰明·布卢姆（Benjamin Bloom）教授对人的认知进行了六个层次的分类——记忆、理解、应用、分析、评价、创造①。①记忆是指具体知识或抽象知识的辨认和识记，这是一种最基本的学习方式，也是教育目标在认知领域中的最低层次的要求。②理解是指对事物或者知识的领会，这里的领会是指初步领会，受教育者只要能用自己的语言复述、解释、描述、比较即可。③应用指的是将自己学到的知识（包括概念、原理等）应用到具体问题的解决当中。这里所指的应用是简单的、初步的直接应用，而不是通过分析、评价等方式的综合性运用，如三角形已

---

① 布卢姆 B S,等.教育目标分类学 第一分册 认知领域[M].罗黎辉,等译.上海:华东师范大学出版社,1986.

知两个角的度数求第三个角的度数。④分析是指按照一定的（理性且客观的）标准将材料分解成不同的部分，从而呈现其内部组织结构，这样既可以详细说明其内部结构，也可以看出其内部结构是否缺失。⑤评价，在分析的基础之上评价已经被分解的各个要素是否符合一定的标准，从而作出一定的判断，应当指出的是这种判断是基于理性的判断，而非基于直观感受。⑥创造，在分析、评价的基础上，有可能会产生新的知识或者新的方法，抑或是发现事物之间新的联系。创新性是最高层次的教育目标。长期以来，我们的教育花了大量的时间在①②两个层次上，对于高阶的认知领域的教育目标如何实现并没有太清晰的路线和方法（图2-2）。

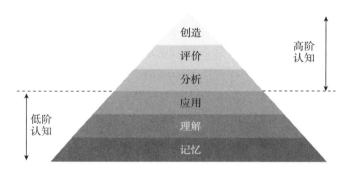

图2-2　教育目标分类

所谓金课建设的"两性一度"（即提高课程的高阶性、创新性和挑战度）中的高阶性指的就是布卢姆教育目标分类中的高阶认知，参赛教师应当向大赛证明自己的课程从目标和内容到过程和手段都立足培养学生的分析、评价和创造能力，而不是简单地记忆、理解。

在教创赛的实践中，很多选手用提升"两性一度""高阶性"等作为自己成果报告的名字，但使用这些专有词汇的时候要明确这些词汇的内涵。目前高阶性广泛存在于选手的各项汇报之中，但细致询问的时候，选手又对这些词汇的内涵了解不足。

（3）关注能力培养。如前所述，教育部印发的《新时代高教40条》

等文件明确要求各高校要提高人才培养能力，具体包括实践能力、解决问题能力、创新能力、研究能力等。但我国的高等教育从供给侧角度是否能提供这些能力的培养路径呢？中国近现代高等教育体制肇始于洋务运动，经过梁启超、蔡元培、郭秉文等教育先驱们的不懈努力，仿照日本、德国、法国、美国等发达国家的高等教育经验构建了我国近现代高等教育的基本架构。由于当时特殊的历史背景以及对"落后就要挨打"的深刻领悟，中国的高等教育体系着重强调"科学技术"的重要地位和对"新知识""新技术"的学习。这套教育体系在当时还能够满足中国社会的需求，为中国培养了大量的人才，为中国的改革开放、社会主义市场经济体制的确立、加入 WTO 以及成为世界第二大经济体提供了强有力的支撑。但是，随着经济和社会的发展，这套形成于 20 世纪初，以"知识传递"为主的教育体系已经不能满足需要，具体表现为教育与国家、社会和个人全面发展的需求相脱节。加强对人才能力的培养，而不是单纯地传递知识，无疑是国家结合当今时代形势对教育提出的本质化要求。以"知识传递"为主的教育体系在学生能力培养方面其实是乏力的，知识不能直接变成能力，受教育者学到的知识，还需要在思维的指导之下转化成应用能力、解决实际问题的能力，乃至创新能力。

"两性一度"中的创新性与能力培养有关，如何培养具有创新能力的新时代人才也是教创赛关注的重点，参赛教师应当在教学设计的各个部分展示出自己在培养创新性人才方面做出的能力和尝试。

在教创赛的实践中，很多选手将"临床能力""实践能力""解决问题能力""创新能力"等作为自己成果的标题，意图说明自己的教学研究是为了解决本课程在学生的相关能力培养方面的不足。

（4）关注可测性和可量化。E. L. 桑代克（E. L. Thorndike）和 W. A. 麦柯尔（W. A. McCall）提出了教育学可测性的理论前提——凡存在的东西必有其数量，凡有数量的东西都可测量[①]。具体到某一教育问题，可测性是指在某一教育问题的框架内用于衡量被监测的教育对象的具体质量指标。可量化是指上述提及的衡量被监测的教育对象的具体质量的指标可以被赋值，并被用于衡量教育对象质量的高低、好坏以及差异。

教创赛在教学设计的很多方面都需要教师能够提供可以测量的指标，以方便大赛评委观察到课程建设前后的变化和效果。例如，在笔者亲历的教创赛比赛中，在教学评价环节，很多教师只是强调自己使用了过程性评价，在之前的期末考试基础上又增加了期中考试或者过程考核。但是，过程考核的标准是什么？如何赋分？这些是需要参赛教师思考的。

（5）关注学生主动学习。学生在学习过程中会呈现不同的状态，主要分为主动学习和被动学习。主动学习是指学生在学习活动中表现为"我要学"，学习成为学生的内在需求；而被动学习是指学生在学习活动中是"要我学"，学习是他人的需求而不是学生自己的需求。拥有主动学习意识的学生，学习活动对他来说不是负担，而是享受，学生会表现出越学越想学、越学越爱学的状态。但是我们所面对的学生，无论是小学生、中学生，还是大学生都属于学习观念十分不成熟的群体，他们头脑中对于学习的很多认识需要被塑造和构建。也就是说，学生头脑中不会天然地生出主动学习的意愿。教育工作者应当积极构建有助于学生产生主动学习意愿的学习场景，使用能够促进学生产生主动学习意愿的学习方法，将课程的内容调整到学生愿意接受并乐意接受的程度，这些方式都能够帮助学生建构起主动学习的意识，培养主动学习的习惯。

参赛教师可以通过很多种方式证明自己在激发学生主动学习能力方面的努力，如根据学习内容留存率原理，不同的教学方法，学生的学习效果是不同的。讲授式的教学方法，学习内容平均留存率最后只能达到5% ～

---

① 郅庭瑾.论科学主义对教育研究的影响[J].教育科学,2000(4):5－8.

10%；但是如果换一种教学方式，比如小组讨论，我们就会发现学习内容平均留存率可以提升到50%；当我们继续调整教学方式，允许学生表达甚至是将所学的内容教授给其他人的时候，学习内容平均留存率会提升到90%（图2-3）。这个原理告诉我们，要想让学生主动学习，教学方法一定要得当。而在所有的教学方法当中，能够激发学生主动学习的教学方法一定是卷入式教学方法，也就是说学生参与的程度和深度决定了他们主动学习的状态。

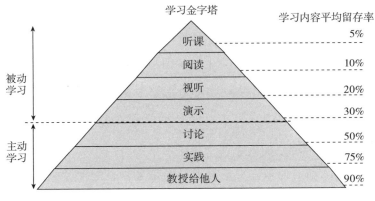

图 2-3　学习金字塔

（6）关注生活和社会。教育的目的不是让学生两耳不闻窗外事，而是要让学生更好地在教育的背景下关注生活和世界。人的本质属性是社会性，人在社会群体当中的个体生存能力要大于脱离社会状态下的个体生存能力。同样，我们受教育是为了让人更好地社会化，更好地获得在社会群体当中生存的能力。提升学生社会化程度最好的方式是将教育的内容与真实的生活和世界联系起来，让学生明白教育意义的同时，能够学以致用，知道所学知识的归属。这就对教育提出了两点要求：其一，从教育的场景设置来讲，教育要尽可能地与社会相连；其二，从具体的教学内容来讲，教育的内容必须被放在真实的生活场景当中被传递出来。这些也是"四新"赛道和产教融合赛道关注的一些内容。

参赛教师可以在教育场景上下功夫，打造能够让学生与真实世界发生联系的实际教学环境，这多体现在实习基地的建设、课程资源的打造上。此外，从教学内容来讲，参赛教师可以将前沿问题、实践关注的热点融入教学内容，使学生能够与外界保持认知的一致。

（7）关注人的全面发展。人的全面发展一直是中国教育方针的理论基石。进入新世纪以后，党和国家重新审视人类自身发展的环境和条件，对人的全面发展原理中国化问题进行深刻反思。在2018年9月10日的全国教育大会上，习近平总书记发表重要讲话——《培养德智体美劳全面发展的社会主义建设者和接班人》，多次提到这一概念。人的全面发展首先是指人的完整发展，即人的各种最基本或最基础的素质必须得到完整的发展。人们通常所说的人的全面发展，是把人的基本素质分解为诸多要素，即使受教育者在德、智、体、美等方面获得完整发展。

（8）探究性学习。探究性学习（Hands – on Inquiry Based Learning，HIBL），是新课程倡导的一种学习理念，指学生通过类似科学家科学探究活动的方式获取科学知识，并在这个过程中学会科学的方法和技能、科学的思维方式，形成科学观点和科学精神。探究性学习是学生学习方式的一种根本改变，学生由过去主要听从教师讲授，从学习学科的概念、规律开始的方式，变为学生通过各种事实来发现概念和规律的方式。这种学习方式的中心是针对问题的探究活动，当学生面临各种困惑的问题时，他们就要作出各种猜测，要思考问题的答案；在解决问题的时候，要对问题进行推理、分析，找出解决问题的方向，然后通过观察、实验来收集事实；学生也可以通过其他方式，如查阅文献资料、检索等得到素材，通过对获得的资料进行归纳、比较、统计分析，形成对问题的解释；最后通过讨论和交流，进一步澄清事实、发现新的问题，对问题进行更深入的研究。

（9）以学生为中心。教创赛特别强调"以学生为中心"，长期以来，人们对"以学生为中心"的教学理念存在很大的误解。"以学生为中心"

不是什么都要听学生的，而是要以学生的认知、学习能力以及学习特征为基础来设计课程。本部分把"以学生为中心"作为最后一个教学理念介绍是因为该理念的实施与之前的教学理念有密不可分的关系。以知识传递为主的教学模式在"以学生为中心"方面表现得不够理想，因其并没有照顾到学生的学习特点，而是采用"满堂灌"的方式传递知识。后续开发的探究式学习方式、小组讨论方式能够有效照顾到学生的学习特点，将学生"卷入"学习的过程中，使之不再是被动听课的知识接受者。同样，人的全面发展和课程思政（培养正确观念）也是围绕"以学生为中心"展开的，都是为了培养全面发展的现代化人才。所以，参赛教师要对"以学生为中心"的教学理念有深刻的认识并将其落实到教学设计的方方面面。

为了符合教创赛强调的"以学生为中心""立德树人""符合学科特色与课程要求""符合'四新'建设"等教学理念方面的要求，参赛教师可以参照上文所提及的常用教学理念，结合自己的课程特色和要求确定符合自己课程要求的教学理念。在我多年的评审经历中，有一些教师会把自己发明的一些词汇当成教育理念，如"行美德辉""医德双馨"等；还有些教师从学科或者别处引用了一些词汇当成教育理念，如"遵纪守法""经世济民"等。这些做法是不对的，教学理念是有特定的指代对象的、是能体现教育学的教育学术语，切不可"拽"过来一个词汇就当成教育理念使用。

2）教学目标

教学目标是学生通过教学活动后要达到的预期学习结果，可以分为课程教学目标、单元教学目标、课时教学目标等不同层次。教学目标具有非常重要的教学作用，对于教师而言，它可以提高教师的理论素养和实践技能；对于学生而言，可以减少学生的学习盲目性，增加学习体验。从教学管理层面来看，教师、学生和教学管理人员可以结合教学目标，通过教学反馈的信息纠正教学活动中的偏差，确保一切教学活动都围绕教学目标展开。

在讨论具体的教学目标之前，我们需要知道教学目标来源于课程目标，它是某一特定专业课程目标的具体化。因此，讨论教学目标就不能脱离课程目标。在课程目标方面，我们传统上是比较重视"双基"目标的，即基础知识和基本技能。随着我们对教育规律的认识越来越深刻，"双基"目标被调整成"三维"目标，即知识与技能，过程与方法，情感、态度与价值观。这种变迁体现了教育从学科知识到学科能力，再到学科育人观念的转变，从而使高校的教育教学不断回归人、走向人、关注人，进而真正实现以人为本，这是教育领域最深刻的变革之一。传统的"双基"目标关注客观主义的知识观，强调知识本身的客观性、普遍性、确定性和对知识学习过程的接受性。"三维"目标秉承建构主义的知识观，强调知识的主观性、情景性、相对性以及知识学习的建构性。"双基"目标对于稳定教学秩序、提高教学质量发挥了重要的作用，它使学校教学回归正常轨道。但是，它的缺点在于窄化了教学，忽略了人全面发展的需求。"三维"目标就较为完整地反映和体现了学科的内涵和教育取向，它标志着教育从关注学科知识转向了关注人。但是，"三维"目标在实践操作过程中也容易出现很多问题，如知识与技能被弱化，过程与方法被虚化，情感、态度与价值观被粗化处理等，从而出现了"两层皮"现象。

本书仍然围绕"三维"目标进行教学设计，我们首先看一下"三维"目标的主要内容，如表 2-4 所示。

表 2-4　"三维"目标的主要内容

目　　标	内　　容
①知识与技能目标：人类为了社会化生存所应当具备的知识和技能的综合	基础知识：主要包括人类生存所不可或缺的核心知识和学科基本知识
	基本技能：获取、收集、处理、运用信息的能力，创新精神和实践能力，终身学习的愿望和能力

目　标	内　容
②过程与方法目标：注重让学生经历过程，掌握方法	过程：学生的学习体验和过程。让所有的学生都经历过程；让学生经历"自主、合作、探究"的学习过程；随机进行创新教育，应该说学生在学习过程中思维的最高境界就是创新型的思维
	方法：包括基本的学习方式（自主学习、合作学习、探究学习）和具体的学习方式（发现式学习、小组式学习、交往式学习……）
③情感、态度与价值观目标：以学生的发展为本，培养学生正确的学习态度、高尚的道德情操，形成正确的价值观和积极的人生态度	情感：是人被客观现实的对象和现象的刺激所产生的肯定或否定的心理反应。在教学过程中，应在充分考虑认知因素的同时，充分发挥情感因素的积极作用，以完善教学目标、增强教学效果、渲染教学氛围、提高学习兴趣
	态度：是指人对客观事物或事物的发展过程所表现出来的情感指向，包含对于事情的基本观点和采取的相应行动。良好的学习态度是一种与高级社会性需要相联系的、较为稳定和深刻的情感现象
	价值观：是和社会性需要相联系的，是人们对客观世界所持的判断标准。它不仅强调个人的价值，更强调个人价值和社会价值的统一

在编制教学目标的过程中，我们首先要明确几个问题。之所以要明确这几个问题是因为教创赛要求材料撰写清晰和正确，其中就包含教学目标的撰写，而这也是参赛教师在比赛时常犯的一些错误。

第一，目前关于教学目标的编制一般依据泰勒的行为目标理论，尽量用行为动词描绘出学生学习课程后能够掌握的知识与技能。在过程与方法目标中，强调学生知识与技能的形成过程，并强调学生掌握各种知识与技能的学习方法和策略。所以教师在编写教学目标的过程中要用动词描述出学生经过学习呈现的学习状态。专业课教师由于没有经受过系统的教育学理论训练，会对这些描述行为的动词不太了解，我们可以参照布卢姆的标准来进行动词的选择（表2-5、表2-6）。

表 2 - 5　认知领域动词

目标层次	目标特征	可供选用的行为动词
知道	对信息的回忆	下定义、列举、说出、写出、复述、背诵、辨认、回忆、选择、描述、了解、指明……
领会	用自己的语言解释信息	分类、叙述、解释、鉴别、选择、转换、区别、估计、引申、归纳、理解、举例说明、猜测、摘要、改写……
运用	将知识应用于新的情境	运用、计算、展示、改变、阐述、解释、说明、修改、制订计划、制定方案、解答……
分析	将知识分解，找出各部分之间的联系	分析、分类、比较、对照、图示、区别、检查、指出、评价……
综合	将知识部分重新组合，形成一个新的整体	编写、写作、创造、设计、提出、组织、计划、综合、归纳……
评价	根据一定标准进行判断	鉴别、比较、评定、判断、总结、证明、说出……价值……

表 2 - 6　情感领域动词

目标层次	目标特征	可供选用的行为动词
接受（注意）	愿意注意某事件或活动	听讲、知道、看出、注意、接受、赞同、容忍……
反应	乐意以某种方式加入某事，以示作出反应	陈述、回答、完成、选择、列举、遵守、记录、听从、称赞、欢呼、表现、帮助……
价值判断	对现象或行为作价值判断，从而表示接受、追求某事，表现出一定的坚定性	接受、承认、参加、完成、决定、影响、支持、辩论、论证、判断、区别、解释、评价、继续……
组织化	把许多不同的价值目标组成一个体系，并确定它们之间的相互关联，建立重要的和一般的价值	讨论、组织、判断、使联系、确定、建立、选择、比较、下定义、系统阐述、权衡、制订计划、决定……
个性化	具有长期控制自己的行为，一直发展个性化的价值体系	修正、改变、接受、判断、拒绝、相信、继续、解决、贯彻、要求、抵制、认为……一致、正规……

第二，教学目标的主体是学生不是老师，因此在描述教学目标的过程中，动词的主语是学生而不能是老师。如果我们将教学目标表述成"引导

学生关注与理想主义有关的国际现象"，这个目标的主体就是老师，它就偏离了教学目标的制定原理。那么该写什么呢？要写学生行为的转变。例如，背诵出理想主义的定义，如果以前他是背不出的，现在能够背得出来，这就是行为的转变；关注理想主义的国际事件，以前他是不关注的，现在关注，这就是情感、态度与价值观上的转变。

第三，教学目标不要描写主题，如我们不能在教学目标中写"学习理想主义的特征"，要表述成学生学习后达到的程度，如"能流利地说出理想主义的特征"。

第四，不能大而空地概括性表述行为的模式，如激发爱国主义热情、正确认识国际社会局势，要具体表述成"承认联合国作用的有限性"。

3）教学内容

一节课的教学设计中的教学内容其实是取决于参赛教师如何选取的，即每门课程都有教材，教材就是教学内容最集中的体现，参赛教师从中选取一部分呈现，但教学内容的选取也非常有讲究，我们会在深加工环节再详细介绍。实践中，很多教师以为自己的教学内容就只是来自教材，在此基础上稍微加工和处理一下，融合教学方法、注意流程控制就可以了。其实不然，教创赛对教学内容有明确的要求——教学内容有深度、广度，体现高阶性、创新性与挑战度；反映学科前沿，渗透专业思想，使用质量高的教学资源；充分体现"四新"建设的理念和成果；教学内容满足行业与社会需求，教学重、难点处理恰当，关注学生已有知识和经验，教学内容具有科学性。这段存在于评分标准中的关于教学内容的描述是什么意思呢？我们尝试从教育学的视角将其解读一下，参赛教师可以选取其中适合自己参赛的角度来整合（包装）自己的教学实践。这里的包装并不是贬义词，我们的很多教师做了很多切实的教学实践，却找不到合适的词来形容和描述。从这一点来看，对评分标准中的一些教育学词汇进行解读是非常必要的。

（1）教学内容要体现深度和广度，以及"两性一度"。"深度"是指现在有一些课程的教学内容过于简单，理论深度不够，致使学生在学习的过程中容易产生无聊感；"广度"是指课程的教学内容覆盖面不够，过于狭窄，没有涵盖该课程所应涵盖的领域。"两性一度"是指应当具有高阶性、创新性与挑战度，这是一流课程（金课）建设中被广泛提及的一个标准。其中高阶性和创新性可以用布卢姆的认知分类理论进行解释，这一点我们已经在教学理念部分的"关注高阶认知"详细介绍过，本部分不再详细展开。布卢姆认知分类告诉我们，人类的认知分为记忆、理解、应用、分析、评价和创造，其中记忆、理解、应用属于低阶认知，多围绕知识展开；分析、评价和创造属于高阶认知，课程内容要围绕高阶认知设定，这是高阶性。创新性是指课程内容不仅能传递既有知识，还能教会学生在既有知识不够用的情况下创造新知识，这就是创新能力。创新一定是与能力教学有关的，它是在解决问题的过程中才能被激发的能力。挑战度是指学生学习有难度，教师备课有难度。要想深刻理解高阶性、创新性和挑战度，还要深刻理解当前高等教育的人才培养模式在教育内容上的特点。

目前的高等教育在内容方面以知识体系传递为主，即向学生传授教科书上的知识。教科书上的知识是按照学科知识体系逻辑排列的，这是高等教育的长处也是其短处。要对课程进行改革或者对内容进行深入理解，首先要理解这一点。我们先来看图2-4，它能清楚地描述目前高等教育在内容方面的情况。

目前，绝大多数高校的教材或者课程内容体系都是按照图2-4左侧的知识体系模式整合和排列的。这是什么意思呢？它意味着经过四年左右的专业学习，学生学习到的是一套完整的学科知识体系。这里面有非常完整、丰富的知识点，并且这些知识点是按照学科内在逻辑的顺序排列的，并不是按照现实生活中知识被使用时所需要的逻辑顺序排列的。这就有点类似于你的衣橱中衣服的收纳方式，是按照外套、裤子、上衣、袜子、内

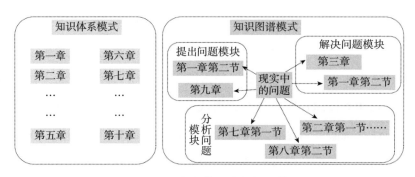

图 2 - 4　知识体系和知识图谱

衣等类别进行分类的，但是等真正穿的时候你需要在上衣中选一件、裤子中选一条、袜子中选一双、外套中选一件……然后组合搭配起来。你根据什么选呢？是根据你今天出席的场合，也即图2-4右侧知识图谱模式中的问题，你要解决你所出席的场合给你提出的着装问题，在你的衣橱里选择并搭配出一套衣服。

我们目前教给学生的是左侧的知识体系，也是一个完整的"衣橱"①。采用这种方式培养学生的好处在于知识体系完整，但是缺点在于学生可能不会"搭配"（解决问题）。现实生活中，我们能遇到很多拥有一柜子衣服却还是一直嚷着自己没有衣服穿，总是需要添置衣服的人。我们也能看到另外一些人，他们衣橱里的衣服数量不算太多②，但是每每都能搭配出精妙的、适合各种场合的着装。这就是知识体系和知识图谱的关系，也能反映出目前教育的一个短板——我们教给学生很多知识，却没有教会他们怎样利用这些知识解决现实中的问题。学生需要的不只是一整套学科知识体系，更是一个能够帮他们在实践中解决问题的方案。这样，我们就发现目前教育传递给学生的这套知识体系的优点和缺点了。未来的教育，以及本

---

① 这还是在学生对知识掌握得很好的情况下，我们认为学生拥有了一个"完整衣橱"。现实情况是，很多同学对基础知识和理论不重视，成绩也很一般，他们的"衣橱"并没有被建立起来，是破损和残缺的。

② 虽然数量不多，但是得满足基本需要，如果衣橱里衣服的数量太少，有思维也没办法搭配。

书提及的教创赛要求我们的教学内容不仅能传递给学生知识体系（具体到每一节课就是某个知识点），还要能传递解决问题的思维。换句话说，知识点（教学内容）不再是按照教材罗列的方式被"挪"到课堂教学中，而是被设计成解决问题的知识图谱。

接下来我们详细地介绍一下图2-4右侧的知识图谱是怎么形成的，它是围绕现实中的问题，将我们在课堂上学习的专业知识重新整合而形成的。学生可能需要在学习过的知识中提取出某个章节的知识来识别（提出）问题；还需要在另一个章节中提取出知识来分析问题和解决问题。知识图谱才是我们使用知识甚至是创造新知识的底层逻辑，即现实世界中的知识并不是按照教材的知识体系方式被使用的，而是按照知识图谱的方式被呈现的，而知识图谱的底层本质就是思维培养。

退一万步讲，知识体系是怎么形成的？它也离不开解决问题的思维。我们通常将书本上的知识称为既有知识。如果从批判性思维的角度来观察[①]，既有知识也是我们的前人在认识自然、改造自然、认识社会、改造社会的过程中，通过解决问题创造出的当时的"新知识"，然后这些当时的"新知识"基于"人才培养"的目的被写进了教科书，变成了既有知识。这些既有知识也是通过知识图谱产生的，遵循批判性思维的原理，即针对一个问题，给出论据充分的结论。只不过，为了加快人才培养的速度，提高人才培养的效率，现在的大学生就不用像古人一样一点一点地通过问题的解决重新得出教科书上的"既有知识"，而是坐在教室里，以听教师讲课的方式，获取被写入教科书的"既有知识"（知识体系）。这种传递方式很高效，使得学生在很短的时间内就能掌握一个学科完整的知识体

---

① 所谓的批判性思维是指围绕一个问题给出前提充分的结论,这里的问题是指学科的问题,前提是指学科的知识即理论,结论是指用学科知识解决问题形成的解决方案。若想理解更多有关批判性思维的知识也可阅读笔者撰写的《批判性思维通识课——怎样才能正确思考》一书,该书即将由清华大学出版社出版。

系，但是缺点就在于上文所提及的知识排列逻辑——按照学科内部逻辑，而非按照现实中的问题解决逻辑。

如果我们的学生只学习了教科书上的知识体系，他在实践中是不会使用知识解决现实中的问题的。学生就像一个知识仓库，大脑中充满了知识，却只是一个保管员，不会使用这些知识，更不要期待其在这些既有知识的基础上创造出新知识。但是，这并不意味着知识的学习是没有用的。我们的观点是，学习不能仅停留在知识的层面上。那么知识最大的用处是什么呢？学习知识是为了帮助我们对事物作出正确的判断，对问题形成正确的解决方案，而不只是为了考试，为了记住它。明白了这一点，也就明白了布卢姆认知金字塔中的高阶认知和一流课程（金课）建设中"两性一度"中的高阶性。这是我们对教学内容的第一点认识，从教材中罗列的知识点（知识体系）到教创赛要求的使用知识点（知识图谱）。参赛教师在比赛的时候要做到在教学设计和课堂呈现中将知识点按照解决现实中问题的逻辑呈现并且重构教学内容，这部分是非常体现教师能力和主观能动性的。

创新性同样是在解决问题的过程中产生的，单纯的知识传递是无法实现创新性培养的。如上文所述，创新性是指在解决问题的过程中既有知识无能为力，必须发展出新的理论、技术将面临的问题解决，这就涉及新知识生产，创新即为生产新知识。参赛教师的教学内容如果设计为高阶能力培养，就要能够让评委看到从传统的知识教学转换为解决问题的分析、评价，甚至是创造能力的培养，这个过程无论是对教师的教还是学生的学都是有挑战性的。

（2）教学内容反映学科前沿，渗透专业思想，使用高质量教学资源。一般意义上来讲，教学内容及载体教材都是具有一定的滞后性和稳定性的。相对于现实的学科发展而言，它们都没有办法及时反映学科最新的前沿研究。因此有很多人就指出大学生在学校学习的知识，其实一走向社会就已经过时了，这也是在说教学内容过于陈旧，没有将最新的研究纳入其中的现象，是教学内容缺乏前沿性的表现。针对这个问题，实践中允许参赛教师在教学大纲和规定的教学内容的基础上，将学科最新的前沿问题纳入教学内容，以满足教学内容在先进性方面的要求。教学内容要求渗透专业思想是指在教学的过程中，教师不仅要传递给学生知识，还要传递给学生专业思想。思想是指知识的底层观念体系，是知识产生的基础，具有抽象性，相比于"知识"，其维度也比较高。这部分要求显然是提示参赛教师要关注教学内容的基础性、底层性和原理性的内容。使用质量高的教学资源与上文提及的课程建设中的资源建设有密不可分的关系。随着信息和技术的发展，很多优质的教学资源能够被存储、记录和展示出来，这为教师的教学提供了非常好的素材。教师在课程建设时，一方面要注意收集、整理、整合自身的教学内容资源；另一方面，可以将别人的优质教学资源加以利用，实现教学内容的丰富化、多样化并节省建设成本。

（3）教学内容要体现"四新"建设理念。这一项要求是指参赛教师的教学内容要能体现"四新"建设的内容。笔者是文科专业，以新文科建设为例，拆解如何将"四新"建设的内容融入自身的教学内容，或者帮助参赛教师理解如何让自己的教学内容体现"四新"建设的要求。由于新文科是一个新鲜且复杂的事物，所涉及的概念、角度、关键词众多且复杂，笔者曾经撰写《一线教师如何建设新文科——从政策理念到实践操作》一书①，书中简单分类和整理了新文科建设涉及的关键词汇，如表 2 - 7 所示，尽可能全面地呈现新文科研究现状的整体图景，来帮助参赛教师了解什么是新文科及其相关要求。

---

① 《一线教师如何建设新文科——从政策理念到实践操作》由清华大学出版社于2024年出版。

表 2－7 新文科知识地图

A 背 景		B 建设类动词	C 抓手或落脚点	D 结 果
外围	国际相关词汇：国际视野、国际交流、全球新格局、世界水平、世界政治经济共同体、经济全球化、国际化、全球格局、百年未有之大变局、国际影响力、知识交流、国际对话、大布局、开放性、中外结合、文科国际化、全球治理、国际竞争、全球视野、世界舞台。 国家和民族相关词汇：民族国家、国家战略、中国巨大变化、中国社会现实、国家命运、中国特色、使命、中国化问题、中国大国地位、本土需求、本国立场、家国情怀、顶层设计、国家战略需求、教育强国、民族复兴、中国实力、国家发展、新国情、强国、走出去、服务国家战略布局。 社会相关词汇：服务社会、社会需求、社会实践、社会矛盾、社会发展、社会全息化、社会场景巨变催生文科变化、古典主义——向大众靠拢、经济社会、社会需求、社会问题、社会服务、公共事务、公共理性、大学与真实世界。 时代相关词汇：现代化及其发展、进程、新时代、历史节点、中国特色社会主义新时代、新使命、融合发展、新兴领域、实践需要、时代热点、时代需求、信息时代。 信息技术相关词汇：信息化、数字化、科技革命、产业变革、数字人文、技术、产业、信息、新技术、新经济、科技、媒体、新科技、新产业、新问题、大数据、数字技术融入、信息时代、现代技术、数字科技、媒体融合	创新、原创、交叉、融合、服务社会、服务需求、回应战略、生产、再生产、跨（学科）、整合、守正创新、价值引领、交流、建设、数字打通、继承与创新、传统与发展、中外交流、共享与协同、传统与创新、优化、打通、配合、服务、配套	学科相关词汇：跨学科、交叉学科、学科内容、学科定位、突破学科、学科分类、学科自身发展、学科问题、跨学科联合学位、多学科集群为基础的现代书院制度、学科整合、跨类学科重组、跨学科课程群、优化学科、自主学科体系、学科交叉融合、新学科、超学科、共同体、重组学科、大交叉、大融合、大跨越、大凝练、文理交叉、交叉融合、交叉学科、多学科协同、学科建设、打通文理、学科界限。 专业相关词汇：专业新方向、专业、新专业、一流专业、跨专业、专业结构。 课程相关词汇：课程主辅结合、跨学科课程群、新课程、课程教学体系、课程体系、课程内容、优化课程、通识课程、人文和专业课融合、主辅结合、金课、选课方式。 人才培养相关词汇：人才培养、复合人才、交叉型人才、高级文科人才、人才培养体系、综合型高素质人才、时代新人培养、人才培养新模式、联合培养、领导人才、全球治理应用人才、通识人才培养、使命担当、人才综合素质、家国情怀、人文素养、专业能力、创新能力、写作能力、综合学科视野高素质人才、通识教育、培养目标、培养体系、培养模式、文科人才培养、通识人才。 师资、组织相关词汇：师资队伍、学术组织、校内外双师队伍、教师队伍建设。 教育、高等教育等相关词汇：教育、教学、教学质量、课程教学体系、实践教学弱化、文科教育振兴、教学改革、实践教学、理论与实践、终身学习以及实践能力、学习方式、教育发展、教育理念、教育模式、教学质量、教育方式、高等教育、高教改革、高教自身面临挑战	话语权、话语体系、文化进步、软实力、自主理论、自主理论体系、价值观重塑、共同体、文化传承、文化自信、文化传承、多文化交流、理论自信、学科知识平台、新时代人才、哲学社会科学家、自主思想体系、人文赋能技术、中国学派、人文传统、教育强国、六拔尖一卓越

续表

A 背 景		B 建设类动词	C 抓手或落脚点	D 结 果
外围	文化传统相关词汇：文化多样化、文化自信、文化传统、外来文化文明、传承优秀文化。 科学相关词汇：自然科学、物理学、实用主义、自然主义、科学主义、科学精神、科学方法		教材等相关载体建设：教材建设、期刊建设、图书馆建设、数字教材。 评价相关词汇：评价、评价标准、评价制度、学术评价、评价体系。 招生相关词汇：招生、招生名额、大类招生、生源构成。 科研相关词汇：学术研究、科研模式、科研方法、研究方法、打通科研和教学、学术组织、学术评价、科学精神、研究手段、方法学、理念方法、方法转型、方法创新、问题导向、需求导向、针对性、问题意识。 管理类相关词汇：管理模式、运行模式、管理方面、新管理标准、管理方法、新型管理组织。 协同平台类词汇：协同式学科平台、现代书院、实验室建设、协同创新、超学科共同体、包容作用、平台意蕴。 知识类词语：知识创新、知识生产、知识分类、知识效用、知识格局、知识范式、知识问题、批判精神、探索未知、探索新知识、知识的整体性和体系性、知识丰富与能力提升、知识体系、改造知识体系、新的知识话语体系、思维训练、知识获取。 育人相关词汇：立德树人、育人、以育人为中心、价值引领、观念塑造、课程思政、以人为本、健全人格及协作精神、价值重塑	
自身	笼统文科问题：不重视、千校一面、没特色、人文社科边缘化、文科自己的知识过于精细化、专业化和学科化、缺乏实用性、交叉不够、技术融合不够、战略引领不够、要回应所有层面的关键词、文科自身发展、学术研究薄弱、问题意识、文科功能和核心素养、人文教育、配合"四新"、配合通识、服务其他学科。 中国文科的问题：不成熟、现有文科对现实问题的解释存在困难。 外国文科的问题：希拉姆学院新文科建设、欧美文科式微、文科教育的边缘化			

新文科是一个新生事物，很多范畴、边界、内涵、外延都没有确定。相应地，从事新文科相关研究的学者在研究的时候都是选取了其中的一个

角度、片段和内容进行讨论。我们必须先对新文科的相关知识结构、关键术语进行梳理，才能使读者对新文科的全貌有所了解，通过表2-7能够发现，新文科主要的关键词包含四个模块：背景、建设方式（即建设类动词）、抓手或落脚点、结果。这是关于新文科建设的全部关键词，作为参赛教师没有必要将这些新文科建设要点全部掌握甚至全覆盖，只需要知道新文科的建设起源于A栏中背景的变化，新文科建设的方式主要是B栏中的动词，无论怎样建设新文科都不能脱离C栏中的教育学抓手或落脚点，包括交叉学科、课程体系、金课、人才培养等。但是参赛教师也要记住，我们是一线教师，最为重要的是建设好自己手中的课程（课程建设），将这门课程上好（教学设计）。专业建设、学科建设以及人才培养模式等概念与一线教师的日常工作关系不大，与领导的工作范围有密切的关系。因此，一线教师关注新文科就只需要关注课程建设和教学改革即可。D栏关键词描述的是新文科建设的结果，建设的目的是文化传承、价值观重塑、多文化交流、理论自信、自主思想体系、人文赋能技术等。同样，这里面适合一线教师的词汇也不多，太高层面的词汇可以忽略。

那么，新文科赛道的参赛教师在教学内容上可以在A、B、D三个栏中选取适合自己层面的新文科建设要点，反映在自己的课程内容或者教学内容之中（即C栏的落脚点）。需要提示的是，表2-7将新文科建设的所有要点都整理出来了，虽然分成A、B、C、D四个不同的栏目，但是每个栏目都有宏观、中观、微观等不同层级的词汇。一线教师在高等教育体系中是最为"微观"的建设主体，一线教师的职级之上还有院长、教务处处长以及校长等不同的"中观"或者"宏观"建设主体，参赛教师只需要选择与自己的主体地位相匹配的新文科词汇融入教学内容即可。例如，在背景中选择科技革命、信息时代对自己教学内容的冲击；在建设方式中选择价值引领、交流、守正创新等词汇融入教学内容；在落脚点中，一线教师只能从课程和教学两个维度考虑新文科，其余的专业、学科、人才培养、师资队伍跟一线教师关系不大；在结果的角度可以选择自主理论体系、理论自信、文化传承等够得着的词汇融入自己的教学内容中。

（4）教学内容满足行业与社会需求。本质上，新文科或者"四新"建设也同样要求教学内容关注行业需求和社会需求，这还是由于我们的教学内容（通常以教材为载体）会有滞后性，且以学科知识体系为主并不具有操作性，也不能反映行业和实践的要求。从第四届开始，教创赛新增加了产教融合赛道，目的也是强调人才培养更要满足行业和社会需求。如前文所述，教学内容，即以教材为主要载体的知识体系本身具有一定的稳定性，很难及时反映行业的动态趋势和社会需求。为了使教学内容具有前沿性，一方面需要加强对教材的修订，使之与时俱进；另一方面需要教师在教学过程中发挥主观能动性，将行业和社会的需求融合到教学内容中。

行业需求和社会需求从本质上来说就是将教科书上的原理与实际的问题结合起来，我们可以通过一个小例子解释这种情况。例如，在小学的数学教学中总会涉及的一类问题——进水和出水问题。在我的女儿小的时候，一做到这类题就很烦，觉得没有实际意义，很抵触。她总是跟我说，一面打开进水管，一面打开出水管，这种情况怎么会发生，为什么学校要教这种没有意义的知识。后来，我给她举了一个生活中的例子，就是手机充电。现代人通常会边刷手机边充电，耗电的同时充电，这就是一个典型的进水和出水的数学原理问题在生活中的应用。从那之后，女儿再也没有抵触过这类问题。

然而，将行业与社会需求融合到教学内容之中并不是一件容易的事情，它要求教师本身具备一定的行业和社会感知力，能够追逐最新的行业研究成果、需求和社会导向。这对于主要活动都发生在"象牙塔"内部的大学教师是一项挑战。因此，"四新"建设的一项要求是鼓励大学教师到行业内从事实践活动，积累实践经验，增强自己对于行业的理解和对行业需求的感知。同时，学院也要建立产教结合的通道和平台，增加教师与外界联系的渠道和方式，这样才能将行业需求和社会需求转化为教学内容传递给学生。

（5）教学内容重点、难点需处理恰当，关注学生已有知识和经验，具有科学性。教学内容重点、难点处理恰当首先要明白什么是教学重点、什么是教学难点。教学重点是本次课堂教学的核心内容，重点是由其地位决定的。例如，讲光的反射，反射的原理就是重点。教学难点是由学生理解和领会的难度决定的，教学难点不见得是重点，可能只是一个小的辅助点，但是由于学生理解跟不上或者前序知识衔接不到位引发的理解困难。例如，讲国际私法之前最好先学习国际经济法，否则有一部分内容就没办法理解。要想理解光的反射角度和方向先要理解数学上的角度、计算关系，如果前序知识铺垫不到位，反射角度和方向就会很难理解。所以，讲解反射角角度可能是一个难点，因为学生计算能力跟不上，但反射角度可能不是一个重点。重点可以是难点，难点也可以是重点，二者可以交叉也可以毫无关系。关键在于参赛教师要明白重点、难点的定义是什么，再结合自己所讲授的具体课堂内容恰当地处理重点、难点之间的关系。

由于教学难点是根据学生的掌握难度确定的，所以教师必须了解学生的学习情况才能正确感知什么是教学难点。这也是教创赛要求教师关注学生已有知识和经验，采取科学的方式传递知识的原因。有时候，教师在上课的时候采用了学生无法理解的方式传递知识，学生不但不能掌握知识，还会心生厌倦。我们用生活中的例子来说明这一点，我的儿子三年级，有一天让我给他讲一道鸡兔同笼的数学题：已知鸡兔一共100只，腿有246条，问鸡多少只，兔子多少只？我一看，这道题简单啊，直接列出了二元一次方程得出了答案，然后便开始给他讲解。然而我忽略了，三年级的儿子根本没有接触过二元一次方程，我不能用这种方式给他讲题。于是，我换了一种思路，先强调鸡有两条腿、兔子有四条腿，假设兔子也有两条腿，一共是多少条腿？他说是200条，那么题干给出的246条腿减去200条腿，剩下的腿是谁的腿？他很快就答出了是兔子的腿，再除以2就是兔子的数量，兔子的数量是 23 只，鸡的数量是 100 减去 23，是 77 只。这就是一个关注学生已有的知识和经验的典型例子。

上课的时候，教师不能总是问学生"听懂了吗"，而是要问"我说清楚了吗"？听懂了的前提是教师讲得没问题，听没听懂是学生的事，学生是责任主体；但是转换了话语之后"我说清楚了吗?"是把教师放在责任主体，讲没讲清楚是教师的责任而不是学生的，这才是真正的以学生的学习为中心。所以，教师要时刻反思自己讲没讲清楚，而不是总强调学生听没听懂，这是教师在潜意识中从"以教师为中心"向"以学生为中心"的转变。

4）教学过程

教学过程的设计要依据教学内容的性质、学生的特点、教学环境和资源展开。具体内容包括：新课导入、讲解、内容连接、提问、板书设计、媒体选择、学生活动等方面的设计。

新课导入是为了引起学生的注意力、激发学习兴趣，在新旧学习内容之间建立联系。教师可以通过直接导入、复习导入、悬念导入、经验导入、故事导入等方式完成这部分的设计。讲解内容设计需要教师确认课堂教学中需要教师深入讲解（采用讲授式教学方式）的内容模块。传统教学模式下，课堂教学以讲授式为主，学生是讲授的对象，参与感较差。新的教学模式要求教师明确自身定位，强调学生对知识的自我探寻和生成，而非大规模讲授。因此，教师在进行教学设计的时候必须明确哪部分知识内容需要教师讲解，哪部分又需要通过学生活动的设计交给学生自主探索完成。这也涉及后续的学生活动设计，这两部分本质上是考查教师对学生获取知识的方式和内容的掌控程度，以及在师生之间进行角色任务的分配和权衡的能力，目的是获得更好的教学效果，使学生对学习更加感兴趣。

教学过程虽然围绕同一主题展开，但会涉及不同模块的内容。这就涉及内容连接的问题，用什么连接以及怎样连接都在考查教师的教学素养。比如有很多教师直接将知识的概念、特征、意义等罗列讲授，知识模块之间的连接十分生硬，学生参与少，获得感不足。笔者曾经听过一位医学教师的授课，该名教师当时讲授的内容是太阳头痛，即太阳经络上的疾病引发的头疼。教师先是通过临床中患有头疼的不同患者的症状导入引发学生思考，然后让学生观察一个特殊患者的症状（授课内容太阳头痛）与以往接触到的头疼表现得不同，从而引起学生关注这种特殊的现象，并与教学内容相连接。接下来引出要讲授的主题——太阳头痛，然后引导学生总结太阳经络的头疼和其他类型的头疼的区别，最后进行太阳头痛的治疗。就这样按照问题导入、病症诊断、疾病治疗的逻辑顺序将三部分内容连接，符合医学实践的认知规律，课堂教学收到了良好的效果。教师要时刻提醒自己，在教学内容范围内的几个不同的模块用什么样的逻辑连接更符合学生的认知，从而产生更好的教学效果。

提问设计也是很重要的环节。在教学中学生学习的知识是多种多样的，有的需要记忆，有的需要理解，有的需要分析、综合和评价。相应地，根据"提问"的认知水平不同，提问可以分成记忆提问、理解提问、应用提问、分析提问、评价提问等。只要留意过上文提及的布卢姆认知分类的读者就能明白这种提问是根据布卢姆的认知分类金字塔设计的。其中，关于记忆、理解和应用层面的提问考查的是低阶认知；关于分析、评价和创造性方面的提问属于高阶认知范畴。在思维的培养过程中，提问是非常重要的，因为它（高阶认知提问）开启了思考的过程。在后续的教学设计实例当中，我们会涉及大量的提问设计。同时，提问既可以发生在某个非常具体的小环节，也可以用提问统领整个教学过程，甚至可以说，好的教师非常善于用提问来启发学生思考，增强学生学习的主动性，检验学生的学习效果，实现思维培养的目的。

板书设计和媒体选择也是教学过程设计的重要内容，有的教师在授课的过程中全程使用PPT，没有板书，有的教师板书很随意，潦草几个字横七竖八地分布在黑板上，这都是教学没有设计的一种表现，也就无法保证教学效果。本书并不着重强调这些内容，而是把重点放在内容的逻辑设计和呈现线索，教师角色和学生活动设计上，其余内容请读者在学有余力的时候自行补充。

5）教学方法

在确定教学目标、教学内容之后，我们还必须结合目标和内容确定适当的教学方法。尽管国内外的学者对教学方法的定义和定性并不相同，但对于教学方法的主要内容还是形成了一定的共识。首先，教学方法与教学目标、教学内容有着密切的联系，它是更好地实现教学目标的手段，是落实教学内容的工具。强调这一点，是为了突出教学方法的目的性。其次，教学方法是教师的"教"与学生的"学"之间的互动过程，它是教师和学生双方共同完成的教与学活动的总和。强调这一点，是为了突出教学方法是一系列活动的总和。最后，教学方法还是教师的"教法"和学生的"学法"的总和。强调这一点，是为了突出教学方法由教法和学法构成，它们之间相互依存、相互作用并相互影响。

教学方法是实现教学目的的重要手段、完成教学任务的重要工具。专业课教师还要注意到，不同的教学方法会有不同的教学效果。

图 2－5 可以说明不同的教学方法对学生学习效果产生的影响。当我们采用讲授的方法，从学生的角度来看就是听讲。这种学习方式从学习效果的角度来看并不理想，学习内容平均留存率只有 5%。如果采取尤里·康斯坦丁夫·巴班斯基（Юрий Константинович Бабанский）的直观法，如视听、演示等方式，从学生学习的角度来看，学习内容平均留存率就会达到 20%～30%。如果采取讨论教学法，学生通过讨论获得的学习内容平均留存率就会达到 50%。如果采用辛吉娅·威斯顿（Cynthia Weston）和 P. A. 格兰顿（P. A. Cranton）教学方法中的实践方法，如现场教学、角色扮演、模拟和游戏等方法，学生的学习内容平均留存率会达到 75%。这就说明，教师选择不同的教学方法会对学生的学习产生非常大的影响。

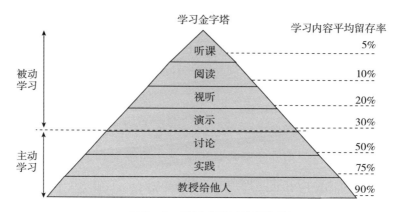

图 2 - 5 学习内容平均留存率

在人类长期的教学探索过程中，人们创造并且形成了众多的教学方法。这些教学方法被整合成了不同的体系。由于专业课教师多数出身各自的专业，并不具备专业的教育学知识体系，对教学方法了解得不多；同时，教学方法众多，又被从各种角度整合成不同的体系，所以专业课教师经常会对不同的教学方法产生困惑和不解，不了解各种教学方法的内涵和相互之间的关联。教学方法也涉及复杂的教育学理论，如在教学方法分类上就存在巴班斯基的教学方法分类①、威斯顿和格兰顿的教学方法分类②、李秉德教授的教学方法分类③、黄甫全教授提出的层次构成分类模式④、班华教授的教学方法分类体系⑤等。作为各专业出身的教师，先掌握一些基本的教学法及其应用即可，可以待日后有深度学习需要时再进行理论学习，加深对教学方法部分的教育学理论的理解。

本书只是简单地对常用教学法进行整理，介绍不同教学法适用的条件，如教学任务、教学内容、对学生的要求以及对教师的要求（表 2 - 8）。

---

① 尤·巴班斯基.多种教学方法的合理结合[J].邓鲁萍,译.外国教育资料,1980(2):59-62.

② 辛吉娅·威斯顿,格兰顿 P. A. 教学方法的分类及各类方法的特征[J].陈晓瑞,译.外国教育研究,1993(3):14-17.

③ 李秉德.教学论[M].北京:人民教育出版社,1991.

④ 黄甫全.现代课程与教学论学程(下)[M].北京:人民教育出版社,2006.

⑤ 班华.中学教育学[M].北京:人民教育出版社,1992.

这些教学法并没有优劣之分，对学科知识驾轻就熟以及善于教学设计的教师总能在需要的时候找到最适合的教学法。同时，这些教学法也不互相排斥，可以组合出现在同一份教学设计中。

表 2－8　教学法及其适用条件

教学法	教学任务	教学内容	学生情况	对教师的要求
讲授法	形成理论知识和实践知识	概念、名词、术语以及理论	对学生被动接受的能力要求很高	教师需知识体系完整、逻辑清晰、口头表达流畅
展示法	发展观察力，提高对所学问题的注意	可以通过音频、视频等方式传递的可展示的教学内容	调动学生的视觉、听觉等感觉器官进行学习	教师有能力驾驭有必要的直观教具或者辅助多媒体为教学目标服务
实践法	发展应用的技能和技巧	允许动手实践操作的专题内容	考查学生的实践操作能力、动手能力	教师具备组织实践教学的能力和经验，对学科所在的行业和产业有丰富的经验和了解
复现法	形成知识和技巧	过于简单或过于复杂的内容	学生尚不具备以问题的方式学习该内容的能力时，可以通过复现法学习	教师有能力展现该原理使用的实践背景和活动
研究法	发展独立思维能力、研究能力	教学内容可以被融入一个具体任务、问题的解决中	学生已经具备了以问题的方式学习该项内容的能力	教师熟练掌握研究法，并且教学环境允许采用该种教学方法
归纳法	发展概括能力和归纳推理能力	通过现象能推理出本质或者共同属性的教学内容	学生已经具备基本的归纳推理的逻辑思维和能力	教师熟练掌握了归纳法
演绎法	发展演绎推理能力和分析能力	通过一般本质能推导出个别事物特征的教学内容	学生已经具备了基本的演绎推理的逻辑思维和能力	教师熟练掌握演绎法
自主学习法	发展独立学习活动的能力，增强自我探索能力	适合学生自行学习完成的教学内容，难度不高，但也有一定挑战性	学生完全具备独立学习相关知识和教学内容的能力	教师可以清晰明确地布置任务和学习目标，教师能提供相关的资源和手段

6）教学评价

教学评价是依据教学目标，对教学过程及结果进行价值判断并为教学决策服务的活动，是对教学活动现实的或潜在的价值作出判断的过程。教学评价是研究教师的"教"和学生的"学"的价值的过程。教学评价一般包括对教学过程中教师、学生、教学内容、教学方法和手段、教学环境、教学管理等因素的评价，主要是对学生学习效果的评价和教师教学工作过程的评价。

教学评价有非常多的类型，如表 2－9 所示。首先，根据评价的功能，可将教学评价分为诊断性评价、形成性评价和总结性评价。诊断性评价是指针对学习者的基础知识、基本技能、态度和价值观等学习准备状态和影响学习的其他因素所实施的评价。诊断性评价也称为教学前评价或前置评价。形成性评价是在教学过程中为改进和完善教学活动而进行的对学生学习过程及结果的评价。形成性评价一般采取随堂测验、提问等形式，目的是收集反馈、了解学生存在的问题，以便教师及时调整和改进教学工作。总结性评价又被称为事后评价，一般是指在一个教学阶段结束之后，对教学和学习结果的最终效果进行的评价。总结性评价的目的是给学生评定成绩，最终会形成学生的成绩证明，因此对严肃性、正式性以及权威性的要求相对高一些，一般采取期末考试或者考查等方式。传统教学模式下，总结性评价即期末考试是最为常见的形式，但很多高校由于仅采取总结性评价而没有采用其他配套评价方式，导致对学生成绩简单粗暴地进行确定而饱受诟病。现在主流的教育学理论在教学评价上主张在学习前、学习中和学习后多个切入点进行观察，将上述诊断性评价、形成性评价和总结性评价结合使用。

其次，根据评价标准的参照系，可将教学评价分为绝对评价、相对评价和自我评价。绝对评价又被称为目标参照性评价，是指评价标准的参照系是根据一定的价值目标设立的客观标准。它来源于评价对象之外，不受评价对象群体状况的影响。相对评价又称为常模参照性评价，它通常是以评价对象群体的平均水平为基点来确定评价标准，以此来测量个体在群体中的相对位置的一种教学评价类型。自我评价又被称为个体内差异评价，是以评价对象自身作为参照系，把每个评价对象的过去与现在或者个体的不同方面进行比较，得出评价结论的一种评价类型。

最后，根据评价分析方法，可将教学评价分为定性评价和定量评价。定性评价是不采用数学的方法，而是根据评价者对评价对象平时的表现、现实状态或对文献资料的观察和分析，直接对评价对象作出定性结论的价值判断。例如，评出等级、写出评语等。定量评价是采用数学的方法，收集和处理数据资料，对评价对象作出定量结果的价值判断。例如，运用教育测量与统计、模糊数学等方法对评价对象的特性用数值进行描述和判断。

表 2 - 9　教学评价的类型

教学评价的类型		
分 类 依 据	包 含 类 型	
根据评价的功能	诊断性评价	形成性评价	总结性评价
根据评价标准的参照系	绝对评价	相对评价	自我评价
根据评价分析方法	定性评价		定量评价

实践中，一线教师要结合自己的实际需要，依据不同类型教学评价的功能，综合使用多种教学评价方法，最终较为真实、客观、全面地反映学生学习的水平，同时评估自己的教学效果，为下一步持续优化课程做信息储备。

综上，我们将教学设计的基本原理和包含的内容作了一个特别简单的介绍。本书对于教学设计的介绍，相对于其博大精深的理论基础而言显然是概括性的、不全面的，甚至是表面的。但对于参赛教师而言，由于在之前教学中并没有深入思考过教学设计原理，基本是按照教学经验开展教学活动。因此，适当地普及教学设计的基本原理，不仅能够使参赛教师了解基本的教学设计要求，而且能防止参赛教师在复杂深奥的教育学海洋中迷失。同时，还能使一线教师意识到教学设计必须依据科学的原理展开，不能随意而为。在教创赛的背景下，本书对于教学设计的介绍虽然相对简单，但也能对参赛教师的实际操作发挥一定的指导作用，至少从整体框架上勾勒出教学设计的全貌。至于对一些细节问题和深入的理论问题等个性化需求，则请读者朋友在从事教学设计的时候自行补充和学习。只要参赛教师开始按照教学设计的原理思考自己的教学活动并将之付诸实践，本书的写作目的就已经达到了。至于熟练完善甚至优秀的教学设计能力，可能需要时间的积累以及对教育学理论的感知，当然更主要的是需要教师自身的学科素养不断提升才能达成。

综上，我们已经将教育学理论介绍完毕。我们将课程建设定位为涵盖课程和教学两个方面内容的总体宏观概念。其下分为两个分支，分别包含课程模式和课程设计；教学模式和教学设计。需要注意的是，本书对教育学理论的梳理毫无疑问是相对简单的，甚至是相对粗线条的①。一方面，我们面对的参赛教师群体是没有经过系统的教育学理论熏陶的，教育学理论博大精深，不仅参赛教师无法理解，就连笔者这种非专业出身，但有几年教学管理和教学研究经验的人也会觉得很复杂；另一方面，教创赛本身对教师的教育理论功底有一定要求但没有要求达到专业水准，仅希望教师能够准确应用教育学原理，尤其是能应用课程设计和教学设计方面的理论指导自己的学科教学实践即可。因此，本书对教创赛所涉及的教育学理论仅作简单归类和解释，至于各个概念背后错综复杂的关系，就留给感兴趣的教师后续自学。

---

① 有一些归类甚至是粗放的，从纯粹教育学出身的视角来看是过于简单化处理了，但可能有利于教师快速理解这些复杂而陌生的教育学术语与词汇。

二、赛道理论——大前提

教创赛是分赛道的，教师首先要明白赛道意味着什么，赛道的要求处于比赛中的什么位置，怎样理解赛道的要求以及怎样将赛道的要求融入和表达出来。笔者以课程思政赛道为例，详细阐释一下不同赛道的教师如何将赛道的要求融入和表达出来。

首先，赛道是区分不同教师类型的，每个赛道下面还分正高组、副高组和中级及以下组。大赛区分赛道，一方面能够保证不同学科的人在各自的赛道进行比赛，不会造成过于错综复杂的评比情况，如医科的人都在新医科赛道，文科的人基本在新文科赛道，这跟以往按照学科分类区分赛道没有太大的区别；另一方面能将教育部最新的政策要求落实到比赛中，所以大赛对于赛道的设置其实是比较合理的。

其次，既然有不同的赛道，每位选手又分处不同的赛道，领会赛道的内涵和要求就十分重要。笔者参加过近百场教创赛的校级、省级比赛评审，在赛道这个层面集中体现的问题是教师并不了解赛道，展示的课程建设和课堂教学情况也没有反映出赛道的要求，以至于其在教创赛中的表现很平淡，也不符合大赛的要求。赛道的要求与教育学理论一样，都是大前提，是参赛教师手中的小前提（学科课程实践）必须满足的条件。但是需要注意，赛道要求和教育学理论（本书中主要指课程设计和教学设计①）虽然都是大前提，但地位不同。赛道这个大前提要嵌套进教育学（课程设计和教学设计）这个大前提中，成为一条隐含线索，但主线依旧是课程设计或者是教学设计。而且在后续的加工中，小前提（学科课程实践）也需要嵌入赛道要求中，然后与赛道要求共同嵌入课程设计或者教学设计之

---

① 虽然上文提及的教育学原理有多个，但是比赛最常用的只有课程设计和教学设计两个原理。

中，我们用图2-6展示一下。同时需要提醒参赛选手，学科课程实践要融入赛道要求，二者最终也要融入主线——课程设计和教学设计中。但需要剥离的时候，如在评委就某一条线索进行提问的时候，参赛选手要能够迅速反应并将其独立性体现出来。总之，这三条线索既有相互之间的嵌套关系，又有相对独立性，教师要做到在不同的场合将它们有机地结合或者有序地剥离。

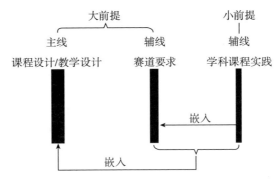

图2-6　大小前提之间的主辅与嵌套关系

简单说，参赛教师最后呈现的内容有三条线索（仅是到目前为止，后续还会有更多线索需要兼顾），主线是课程设计或者教学设计（大前提），一条辅线是赛道要求（分别是"四新"、课程思政、产教融合等），也是大前提；另一条辅线是小前提，即参赛教师的学科课程实践，也就是教师自己在日积月累中所做的课程改革和教学改革。这三者要一一对应，形成论证关系才能说服评委。

最后，要深入理解赛道的要求。这是参赛教师做得最不到位的地方，很多教师甚至忽略了赛道的要求，即评委并不能通过参赛教师的展示看出任何其对于赛道的理解。本书在上文已经列举了新文科的知识地图，帮助教师理解新文科赛道的一些要求。本处，我们结合课程思政赛道来看其对参赛教师的要求。需要明确的是，课程思政是每一门课程都必须包含的内容，其他赛道都有课程思政的要求。在其他赛道中，课程思政可以是一个点，或者是一个面，但在课程思政的赛道里，课程思政必须是方方面面。

参赛教师首先要明白课程思政赛道的要求。课程思政要求我们能够揭示当前课程思政建设的要点，解决课程思政在本学科教学中存在的痛点，并形成自身关于课程思政建设方面的独特成果。目前课程思政建设在各学科需要突破的痛点主要有：课程目标是否能支撑育人要求；课程内容是否包含思想；思政元素的挖掘是否准确；是否能准确说出教育部相关政策对各学科思政元素挖掘作出的指导性部署；课程实施能否"融盐入水"，将思政元素有机融合在教学过程里（当然这个过程需要有理论探索的支撑，而不是教师想怎么融就怎么融）；课程评价能否体现课程思政的效果；课程建设是否包含了课程思政的相关资源，如案例库、习题库等；是否有顶层关于加强和推进课程思政的部署。

从上述介绍可以看出，课程思政的建设必须是全面的且能融入课程建设的方方面面，如表 2－10 所示，该赛道的参赛选手在大赛的各种呈现中必须用课程思政的线索贯穿课程建设和教学设计。实践中的常见情况是教师只关注和着重介绍自己的小前提（学科课程实践），至于学科教学和改革实践是否符合课程思政赛道的具体要求，是否符合教学设计和课程设计的要求并没有被论证得很充分，导致课程思政赛道的教师在参赛的具体呈现上较其他赛道的教师没有显著的区别。还有一些教师被临时调整到思政赛道，或者因思政赛道参赛者少而报名该赛道。需要注意的是，走课程思政赛道，自己的学科课程实践中的课程思政建设的储备必须充分，否则支撑不了课程建设（课程设计）的方方面面，俗称素材不够。

表 2－10　课程思政赛道的呈现

大　前　提		小　前　提
主线	辅线	辅线
课程建设（课程设计）	课程思政赛道	学科课程实践
课程目标	是否包含育人目标	《××课程》的课程育人目标是……

大　前　提		小　前　提
课程内容	是否含有育人内容（思政元素挖掘）	《××课程》的课程育人内容是……
课程实施	思政元素是否有融入机制	《××课程》的课程思政元素融入机制是……
课程评价	课程思政效果是否可评价	《××课程》的课程育人效果评价指标是……
课程资源	是否建设有关课程思政的资源	《××课程》的思政案例库是……

从笔者日常的评审来看，参赛教师凭着感觉自由摸索着做课程思政是不够的。很多参赛教师对课程思政的理解过于宏观、感性且缺乏可操作性。例如，思政目标并不是一个单独的课程或者教学目标，它属于三维目标中的情感、态度与价值观目标，是课程目标中本身就存在的一个部分，不需要单独开辟。思政目标的撰写有专属的动词，教师可以结合自己的学科教学实践进行总结和撰写。例如，思政元素的挖掘要根据教育部相关文件《高等学校课程思政建设指导纲要》《教育部高等教育司关于深入推进高校课程思政建设的通知》，结合自身学科进行挖掘，不能随便想怎么挖就怎么挖。思政元素的本质是需要在学生头脑中树立正确的观念，这个观念需要融入的是"教学设计"而不是其他环节，这里涉及观念的原理和教学设计的原理。总之，教师要对课程思政有深入的了解才有可能在比赛中脱颖而出。想要了解课程思政的相关要求和原理可以参考笔者撰写的另一本专著——《批判性思维视域下课程思政的教与学》。

三、课程实践——小前提

上文介绍了参加教创赛必须具备的大前提，本部分要继续介绍最后一个原材料——小前提。小前提是参赛教师手中所从事的课程建设的具体措施，即参赛教师围绕自己手中的课程做了哪些有关课程建设方面的具体改革[1]。例如，在课程资源建设、课程规划方面的变动，课程（教学）目标方面的调整，课程（教学）内容方面的充实和完善，课程实施（教学）模式方面的变革以及课程（教学）评价方面的完善。例如，某教师建设了案例资源库、习题库等，这属于资源建设；原来是讲授式现在变成了 PBL 教学法或者小组讨论，这属于变革了教学方法。注意，以上只是参赛教师在小前提方面的变化或者变革，并不是创新本身。创新是围绕问题且是围绕整门课程来谈的，即解决了问题，形成的成果以及给课程建设带来的新理论、新思路和新方法。最能体现创新的是教学创新成果报告中的标题，而本书在原材料篇提及的小前提只是构成创新的一个部分，必须跟大前提结合起来解决问题形成成果（创新本身）才行，单纯的小前提（教师课程实践）的变化不是创新。实践中，经常有参赛教师声称自己使用了 BOPPPS 教学结构是创新，使用了案例教学法是创新，使用了线上线下教学模式是创新。其实这些都不是创新，只是课程教学实践发生的变化，即只是小前提发生了变化。这些小前提要跟大前提结合解决问题，形成之前没有且有成效和辐射的成果才是创新。

　　学科课程实践小前提部分没有过多的内容需要介绍，因为它主要存在于参赛教师的自身实践。教师需要明白的是，参赛必须具有丰富的小前提，即在第一篇提及的教创赛需要教师有前期积累，没有丰富的课程实践（含课程建设、课程设计、教学设计等方面）是加工不出成品的。参赛教师必须将自己日常教学中的相关实践活动进行整合，按照上文提及的大前提的思路和要求，整理出符合大赛要求和评委能看懂的内容。很多教师在参赛展示的时候，只说自己小前提做了哪些，这样是不够的，小前提必须跟大前提结合在一起才有意义。教创赛评委和参赛教师之所以能够在教创

---

　　① 本书中的"课程实践"和"学科课程实践"都是一个意思，参赛教师手中的课程一定是依托其所属学科的一门课。

赛的背景下进行交流，是因为我们有一整套可以交流的话语体系，而这个话语体系是指参赛教师们的课程实践是如何解决教学问题的、课程实践是否符合教育学原理，而不是各自不同学科的课程实际操作。

四、理论和实践相结合

以上介绍了参加教创赛必须具备的原材料，主要有大前提（教育学原理和赛道原理）、小前提（学科课程实践或者课程实践）。并且在介绍这些原材料的时候用图2-6介绍了它们之间的关系。在这三个原材料中，教育学原理是主线，赛道原理是辅线，二者都是大前提，学科课程实践（小前提）是辅线，需要先嵌入道元素之后再共同嵌入教育学的原理，即课程设计（也含课程建设）或教学设计中①。从更为宏观的背景观察，教创赛背景下的大小前提一一对应是为了证明结论成立，结论是为了解决问题（问题是没有解决的或者虽被解决但结论可以优化的），只有这样才能凸显出创新性，如图2-7所示。

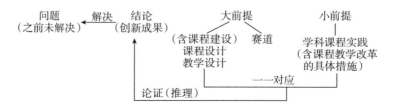

图2-7　教创赛的要素及其关系

我们在上文已经详细介绍了大小前提一一对应及其相关关系，本处我们需要强调，大小前提的一一对应是为了证明结论是成立的，而结论就是参赛教师的创新成果。参赛教师仅证明结论是成立的还不行，还必须继续

---

① 或者读者朋友可以这样理解，你头脑中要先有课程建设的各个抽屉，在这些抽屉里装入赛道的各个盒子，然后再在这些盒子里放入小前提的各项具体改革措施。不管是小前提—赛道大前提—课程建设大前提的构思顺序，还是课程建设大前提—赛道大前提—小前提的构思顺序，参赛选手最终必须保证小前提是被放在了赛道的盒子里，又被一并放入了相应的课程建设的抽屉里。

证明该结论已经将之前提出的问题解决了。而且由于该问题是之前本学科教学没有解决的问题，因此解决了这个没有解决的问题，结论（成果）也是具有创新性的，因为它增加了人类的认识，即实现了知识生产。我们不要把知识生产想得过于宏大，不要认为只有像工业革命时期的蒸汽机、牛顿三定律、当前的 3 纳米芯片的研发和设计才是知识生产，那些解决了行业未解决的小问题而形成的较小的成果也可以被称为创新。教创赛对参赛教师的要求就是立足自己的课程做一些力所能及的研究和探索，哪怕是形成小小的创新也能推动整体的课程建设和教育体系向前走。

图 2-7 还有一个功能是提示参赛教师在进行课堂教学、教学创新成果报告或者教学设计创新汇报方面的展示时要时刻注意：①大小前提之间的一一对应；②大小前提对应之后对结论的证明和支撑；③结论和问题的对应和解决关系；④结论因解决了问题而带来的创新效果。

综上，只有立足全局才能洞悉教创赛的要求，才能在备赛的过程中运筹帷幄。本书至此已经将大赛的本质和要求介绍完毕：大赛的本质与教学研究、教学创新和教学学术有密不可分的关系；大赛有几个必须满足的要素——大小前提、结论和问题。其中，大小前提必须一一对应，其对应的目的是证明结论成立。结论成立是为了证明教师已经将问题解决，因为结论解决了一个本课程没有解决的问题或者对问题有了新的解决方案（产生了新知识）而具有了创新性。这样我们就将教创赛所涉及的所有要素——问题（待解决）、结论（创新成果）、大前提（教育学原理和赛道原理）、小前提（学科课程实践，包括课程和教学作出的改革和变化）梳理完毕，也将它们之间的关系进行了尽可能清晰的解读。参赛教师在备赛的过程中要对这些要素和关系进行全方位的掌握才有可能在教创赛中获得预期的结果。

第三章

深加工

一、三个模块及其关系

教创赛要求提交的三份材料分别是教学创新成果报告、教学设计创新汇报和课堂教学实录。本部分将在前两章认识论篇和原材料篇的基础上介绍如何深加工并最终形成这三份大赛的必备材料。在具体介绍如何加工之前，我们需要先分析一下这三份材料之间的关系，以便教师能够更好地厘清它们之间的界限，在需要融合的时候能将三者的关系阐述清楚，在需要分离的时候也可以将三者区别并进行分门别类的介绍，真正做到收放自如。在实践中，很多教师分不清这三份材料以及它们之间的关系，这也影响了他们的成绩。我们先用表3-1来解释一下三份材料之间的关系，然后再逐一介绍每个材料的加工原理。

（一）材料1——教学创新成果报告

材料1——教学创新成果报告是教创赛的"根文件"，是教学研究的直接载体，揭示的是底层原理，即参赛教师发现了一个教学领域（具体表现为自己负责的课程方面）的问题，通过研究将这个问题解决并形成了一个结论（课程方面的成果）。材料1是整个教创赛的基础核心材料，虽然它的分值占比不高，但这丝毫不影响它的重要性。参赛教师通过材料1展示

表 3-1　三份材料及相关关系

序号	名称	范围	研究或实践	作用和功能	涉及理论	关系
材料1	教学创新成果报告	整门课	教学研究——揭示成果原理	（底层）用理论揭示问题和创新	课程建设原理（建设、模式、设计）	互相依托、互相印证
材料2	教学设计创新汇报	整门课	教学实践——成果原理应用于整门课	（中观）用说课体现问题和创新	课程设计或整门课教学设计①	
材料3	课堂教学实录（含该节课教学设计）	一节课	教学实践——成果原理应用于一节课	（微观）用上课体现问题和创新	教学设计	

自己教学研究的能力，即发现问题、分析问题和解决问题的能力。在发现问题层面，教师应当敏锐地识别出自己课程在实践中的困境并将其上升为教育学问题（痛点，经过教学理论包装的现象级别的问题），对应每一个痛点问题提出一个解决方案（举措，它是大小前提的一一对应），举措的内部（每一条举措之间）有非常清晰的逻辑联系并共同推出了成果，表现为成果名称（如临床思维培养、国际胜任力等）。教学创新成果报告考查的是教师发现教学问题并利用教育学原理解决问题的能力，它的核心要素是问题—结论—大前提—小前提。教师应当准确说明问题、解决问题的思路，以及所形成成果的内部联系和研究过程。

---

① 请理解笔者的纠结心情，教创赛在教学设计创新汇报这部分确实没有说清楚到底是一门课还是一节课。如果理解成一门课的话，评分标准使用的却是教学设计这个针对一个教学单元的微观概念；如果理解成一节课的话，实践中这么多年的省赛和国赛汇报的都是一门课，选手和评委都不敢将汇报理解成一节课。而且在现场汇报的时候还会夹杂着课程建设、成果的部分内容（后文会详细解释这一点），这部分确定是围绕一门课展开的。所以，本书对教学设计创新汇报的策略就只能是将其解读为"围绕一门课"展开，却使用了"教学设计"这个微观术语。

（二）材料2——教学设计创新汇报

材料2——教学设计创新汇报是材料1中揭示的成果机理在一整门课程的课程设计上的应用。实践中，有很多高校在组织比赛和开展赛事培训的时候把这个过程当成说课，这种理解既对又不对。说这种做法对是因为教学设计创新汇报和说课的底层原理都是课程设计①，都要围绕着课程（教学）理念、课程（教学）目标、课程（教学）内容、课程（教学）方法、课程（教学）评价等模块展开，这也是一些高校将教学设计创新汇报等同于说课的原因。但是这种做法的错误之处在于我们日常提及的说课并不强调创新，也不强调解决问题，更没有材料1作为理论支撑，所以平时的说课只要把课程设计的几个要素说清楚、说透彻即可，并不强调问题的解决和创新。但是教创赛的教学设计创新汇报则不然，教师要在将课程说清楚、说透彻的同时，证明自己解决了问题并在结论中产生了以知识生产为特征的创新性，这是教学设计创新汇报与说课最大的区别。如果说说课最大的主线是课程本身的一些基本情况介绍的话（类似说明文），教学设计创新汇报则是在说课的主线——课程本身基本情况的基础上证明解决了问题，实现了创新（类似议论文）。是否用课程情况证明问题解决和成果创新是二者最大的区别，如图3-1所示。用本书阐述问题的思路来解释的话，说课仅需要（按照大前提的思路）说清楚小前提即可，教学设计创新汇报不仅需要（按照大前提的思路）说清楚小前提，还要在此基础上支撑问题和结论。因此，二者的底层原理相同，但是侧重点不同。

---

① 教创赛在教学设计创新汇报中使用的是教学设计，我们在上文已经解释了，一门课的教学设计就是课程设计。

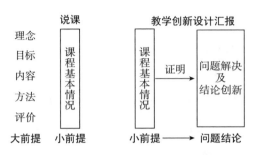

图 3-1 教学设计创新汇报与说课的区别

（三）材料 3——课堂教学实录

材料 3——课堂教学实录是材料 1 中揭示的成果的机制在一节课上的教学设计及课堂展示上的应用。参赛教师首先需要选择一个教学片段，在教学片段的基础上进行一节课的教学设计并进行实际授课展示，这种授课多半是以录课的方式呈现（省赛和国赛的官方要求是线上），也有少数高校在初赛时选择直接呈现（线下）。无论呈现的方式如何，课堂教学实录都是用一节课（本质就是上课）来呈现参赛教师底层研究的成果是如何指导课堂授课的。同样，教创赛背景下的课堂教学实录与普通上课在侧重点上也不相同，它强调揭示并支撑材料 1 中的问题和创新成果，材料 2 和材料 3 是要解释和证明材料 1 的。至于课堂教学实录与普通上课的区别则体现在前者强调课堂教学的创新和变化（但不是所有变化都是好的，要依据教育学，在尊重科学的基础上发生变化），或者说一节成功的课堂教学实录是日常上课所追求的理想状态，这也是教创赛设立的初衷，用教学研究反哺教学，提升课堂教学质量，增强人才培养的能力。

总之，材料 1 的主要着眼点是原理阐释，通过教学研究揭示问题和创新成果（成果本身和来龙去脉）；材料 2 和材料 3 的着眼点是材料 1 的原理在一门课和一节课上的应用，通过教学实践来证明材料 1 中的研究和成果真正落实到课程建设和课堂教学上了，最终达到教师教学能力提升、人才培养质量提高的目的。

二、教学创新成果报告

（一）教学创新成果报告的要求

我们先看一下教学创新成果报告的具体要求，与上文提及的教学研究、诸多原材料是什么关系。此外，教学创新成果报告还有具体的评分标准（俗称"采分点"），这些采分点应当如何解读也是本部分重点关注的内容。我们先用表3-2来综合描述一下教学创新成果报告的内部结构，再详细拆解。

表3-2　教学创新成果报告的内部结构

1	教学创新成果报告要求的内容	痛点	标题（成果名）	举措中的原理	举措中的实践
2	教学研究公式	问题	结论	大前提	小前提
3	原材料； ① 课程建设原理； ②赛道原理； ③课程实践	①至少三个痛点问题； ②这三个点必须是课程原理的点，且与大前提一致； ③体现赛道原理	赛道＋成果名＋课程名＋课程建设原理术语（创新成果报告），如新医科背景下（赛道原理）临床思维能力培养的（创新成果名）《中医针灸》课程（课程名）教学模式（三个痛点问题的上位概念）创新成果报告	①对应三个痛点有三个举措； ②三个举措中涉及的课程建设原理的点与痛点一致； ③体现赛道原理	①课程改革实践具体操作点； ②被归纳和整合成符合大前提的逻辑表达出来； ③能和大前提一起支撑结论
		课程建设原理	课程建设原理	课程建设原理	课程实践
4	评分标准20分	问题导向	成果成效及辐射	有创新特色体现课程思政关注技术	
5	①必须形成逻辑闭环（论证）；②表明问题被解决（问题导向）；③时刻体现创新				

我们先解读一下表3-2的平面结构，然后再细致分析每一个部分之间的关系。表3-2想要表达的是教学创新成果报告（表格第1行）与教学研究（表格第2行）、原材料（表格第3行）和教学创新成果报告评分标准（表格第4行）之间的一一对应关系，表格第5行则是想说明表格中的

第1-4行内容总体上必须达到的标准：①必须形成逻辑闭环（论证）；②表明问题被解决（问题导向）；③时刻体现创新。这是一张总体表格，制作的目的在于：①给参赛教师提供一个对教学创新成果报告的全面解读（鸟瞰图）。通常，教师对教学创新成果报告的理解是片面的、不深入的，表3-2能够帮助教师解决这一难题。②从本书第一章、第二章的原理角度说明教学创新成果报告的本质，不仅解释教学创新成果报告与评分点、原材料和教学研究之间的关联，还明确指出了具体的关联点。

1. 教学创新成果报告的组成部分

根据历届大赛通知的要求，教学创新成果报告由四个部分组成：标题、痛点、举措和成果的成效与辐射。其中，痛点是指教学实践中的"真实问题"；举措是指围绕课程内容的重构、教学方法的创新、教学环境的创新、教学评价的改革等，采用教学实验研究的范式解决教学问题，明确教学成效及其推广价值。参赛教师需要在教学创新成果报告中明确将上述四个部分的内容呈现出来。在实践中，一些教师由于弄不清楚教学创新成果报告的要求，将课程目标、学情分析等一些不属于教学创新成果报告要求的内容也一并写进去，这样其实是不明智的，因为教学创新成果报告是有字数限制的。有经验的评委不会看不属于上述四个部分的内容，而是直接挑选痛点、举措、成果的成效和辐射方面的内容来看。当然，对于教创赛中的教学创新成果报告，有时候不只是教师搞不清楚要求，评委也不太清楚。这也从侧面说明，教创赛的规范性和统一性还没有形成，是一个较为"年轻"的赛事。

2. 教学创新成果报告与教学研究（公式）的对应关系

上文指出教学创新成果报告由四个部分组成：标题、痛点、举措、成果的成效和辐射。成果的成效和辐射属于说明成果创新性的环节，必须建构在已经形成的成果基础上。我们先讨论成果产生的过程，本部分将呈现教学创新成果报告和教学研究（公式）之间的一一对应关系，进而从更为直观的角度说明教创赛考核的是教师的教学研究能力，而不是像青教赛一样考查教师的教学基本功。

我们在第一章已经指出教学研究的概念和公式，并通过图 1－1 表述出来，在教学研究公式中，我们能清晰地看出教学研究是指围绕一个问题给出前提充分的结论。教创赛要求我们解决教学实践中的真实问题，解决问题的过程不是随意的或者感性的，而是通过大小前提和结论之间的论证关系推导出来的。

接下来，我们看一下教学创新成果报告与教学研究公式是如何一一对应的。我们先来看二者的对应图，在图 3－2 中，能够很明显地观察到，教学创新成果报告中的痛点对应的是教学研究公式中的问题；教学创新成果报告中的标题对应的是教学研究公式中的结论；教学创新成果报告中的举措对应的是教学研究公式中的大前提和小前提。

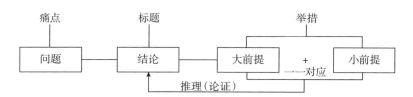

图 3－2 教学创新成果报告与教学研究公式的对应关系

这就提示我们，教学创新成果报告的底层是教学研究，而绝对不是一堆教学素材的胡乱堆砌。它要求参赛教师具有明确的问题意识和解题思路，不仅要求大小前提一一对应，还要求大小前提共同作用（举措）能够推出结论，且该结论因为解决了一个本课程教学没有解决的问题而获得了创新性。

3. 教学创新成果报告、教学研究（公式）和原材料之间的对应关系

我们在上文已经介绍了教学创新成果报告与教学研究（公式）的对应

关系，本部分将继续揭示教学创新成果报告、教学研究（公式）和原材料之间的对应关系。本书在第二章清晰地揭示了参加教创赛必须具备的原材料：大前提（课程建设原理和赛道原理）和小前提（课程实践），原材料也能够被我们融入教学创新成果报告的内部并且形成严密的逻辑关系。我们进一步通过图 3－3 来展示一下它们的关系。

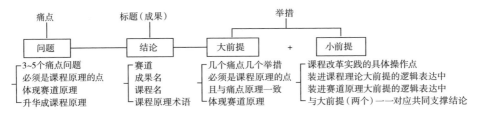

图 3－3　教学创新成果报告、教学研究公式和原材料的对应关系

1）痛点

教学创新成果报告中要求的痛点（对应教学研究公式中的问题），从数量上来看 3~5 个为宜，既不能太少，又不能太多；从课程建设原理上来看，这几个痛点必须被表述成课程建设原理中的点，而不是什么其他的、随意想象中的点。在实践中，一些教师在痛点中指出——学生学习热情不高，这不是痛点，或者说这不是教创赛中教学创新成果报告要求的痛点。教创赛考查的是课程建设，痛点需要处于课程建设理论层面，即我们在上文提及的课程建设（包括资源建设、课程规划等方面）及其下位概念：课程模式（目标模式或者过程模式等）、课程设计（目标、内容、实施、评价、团队等）；或者教学模式（如探究式）和教学设计（理念目标、内容、过程、方法、评价等）。学生自身可能是有问题的，但这不是教创赛要考核的点，教创赛考查的是教师在自己的课程（与课程有关的原理）及课程怎么上（与教学有关的原理）的问题上，有什么措施能改变学生的学习。所以，对于痛点问题的反思要落到课程的要素上来。

从赛道原理来看，这几个痛点问题必须体现赛道的要求。我们已经在上文分析过了新文科赛道关注的一些关键词和要求、课程思政赛道关注的一些关键词和要求。参赛教师要将这些赛道的关键性和标志性术语融入自己的痛点问题，这样才能凸显对自己所属赛道的尊重，也更符合大赛的要求。实践中，很多教师的内容展示看不出来赛道的要求，与平时上课无异，这样是不行的。教创赛强调的就是创新，无论是"四新"赛道、课程思政赛道，还是产教融合赛道，都是当下教育教学共同面对的问题，解决了这些赛道问题就自然带有创新属性。

最后强调一点，其实也是对上述课程建设原理和赛道原理的重复——不要让自己的内容（小前提）"裸奔"，需要提炼成（或包装成）课程建设原理和赛道原理的术语呈现。实践中，教师不太会使用教育学术语，明明指出的也是教学问题，但是不会用术语包装。例如，教学效果不好，可以表述成教学目标难以达成；只采用讲授式教学方法、满堂灌可以表述成教学方法单一；课时不够、教学内容太多可以表述成需要采用线上线下相结合的教学模式释放教学空间等。总之，这部分强调的是，老师在拥有相应实践操作的基础上，还需要学会用正确恰当的教育学术语将问题和成果包装出来。教创赛是教学比赛，无论是评委还是教师，能够共同交流的基础是教育学的术语和原理，而不是教师自己所属学科的术语，这一点还需要提醒参赛教师注意。

然而，如上文所述，大学是专才教育，大学教师大部分不是出身师范而是出身于自己的学科（如法学、医学等）。大学教师与中小学教师（基本上能保证出身师范）不同，不太具有完整且丰富的教育学理论基础，这导致教师在参赛时教育学语言表达能力不强，不能把自己的教学实践用一套清晰准确且逻辑严密的教育学术语表达出来，这是很遗憾的。所以，参赛教师还需要加强这方面的训练。但也不用过于焦虑，教创赛对教师的教育学功底要求没那么高，教师只要不让自己的内容（小前提）"裸奔"，就能确保在参赛中具有相对优势。如果不知道怎么补充相关教育学术语，可以翻看本书的原材料篇或者寻找相关的专业书籍（基础读物，如教育学的教科书等）进行补充性阅读，在时间紧任务重的情况下也可以请教教育学方面的专家，让别人在你的描述基础上用教育学的词汇表述出来。这个过程有点像看病，患者肚子疼，却不知道是什么原因，只能描述成"肚子疼"，经过医生诊断，确诊为阑尾炎，"阑尾炎"相对于生活用语"肚子疼"就上升到了医学术语。教创赛也是一样，需要教师将在各个学科教学实践中的"肚子疼"（口语）上升到教育学"阑尾炎"（术语）表达出来。评委一看就知道你是专业的，或者经过专业打磨的，从内容和好感度上都会有一定加分。

2）大前提

在介绍完痛点的相关要求之后，我们直接跳到大前提，最后介绍结论，这也是符合逻辑顺序的，毕竟结论是需要在大小前提都介绍完毕的基础上才能得出来的。首先在数量上，有几个痛点问题就要有几个大前提与之对应。其次，痛点问题与大前提使用的课程建设原理是一致的。每年给参赛教师解释这个问题都很困难，不少教师认为举措的数量没有必要与痛点问题一一对应，也没有必要在教育学原理（表现为使用的术语）方面都是一样的，这种观点是错误的。

我们还是用生活中的例子来给大家说明，这样比较容易懂。例如，患者张三牙疼，这是现象级别的问题，来到医院找到医生李四，李四经过检查发现张三患的是龋齿。到此，李四发现问题，这就是教学创新成果报告中的痛点，将张三现象的、朴素的问题上升为医学理论表述出来——龋齿。接下来治疗龋齿使用的是什么原理呢？一定是治疗龋齿的原理，不会是其他原理。如果是其他理论，那就说明治疗的手段和疾病是不对应的，也保证不了效果。爱因斯坦曾经指出，提出一个问题比解决一个问题更重要，因为提出问题就确定了这个问题的性质，接下来就用确定的原理解决问题即可。在张三牙疼的例子里，确诊这是个什么疾病，即提出问题就决定了日后治疗使用的原理是什么。同理，我们在教学创新成果报告中提出了一个痛点问题——教学内容理论化、滞后，没有体现学科前沿，没有理论和实践结合。这个问题对应的举措一定是改革教学内容，而不是其他方面的改革。所以，请参赛教师切记前两点，有几个痛点问题就有几条举措，并且痛点问题与举措大前提使用的课程建设原理必须是一致的，总结一句话就是什么病就用什么原理治疗。

最后，大前提还需要体现赛道原理，要把赛道的内容融合进去，这样才能突出选手关于赛道的思考和自身特色。由于赛道原理已经介绍了很多，此处就不再赘述。

3）小前提

小前提是参赛教师手中的课程实践，这里强调以下几点。

首先，小前提是课程实践，即教师在日常开展课程建设、课程实际教学中的活动和措施。

其次，小前提是课程改革，这一点强调的是教师在实际教学和课程建设的过程中要发生"变化"，教创赛要看到的不仅是实际教学实践，还要看到你在实践中发生了哪些变化，形成前后对比（改革）。所以，小前提是"变化""变革"而不是单纯的实践操作。为什么强调变化，是因为我们最终要用小前提的变化[①]证明（通过论证）结论是成立的，结论是要求有创新性的，如果是单纯的实践，没有交代变化，怎么表明你的结论比之前有创新性呢？

再次，小前提需要整合到大前提的逻辑表达中。这一点与之前的痛点内容不能"裸奔"是一个道理，小前提需要被装进两个大前提的筐里——小前提先要装进赛道大前提的逻辑筐里，然后再与赛道大前提一并装到课程建设原理这个大前提的逻辑筐里。

———————————

① 小前提的变化是符合大前提要求的。

最后，大小前提要一一对应。其实只要做到了第三点，大小前提从事实上和理论上都应该是一一对应的，之所以还单独强调这一点是因为实践中教师们处理得不好，有的时候出现小前提装错筐，或者小前提装出多余的筐的情况。小前提的任务就是跟大前提一一对应（被装进大前提的筐里）共同支撑结论的成立。

4）结论

教学创新成果报告的结论即为成果本身，它体现在标题与成果的成效和辐射两个部分。我们先看标题，然后再看成果的成效和辐射。

标题包含四项内容，或者教师也可以把这四项内容理解为表述公式：赛道＋成果名＋课程名＋课程建设原理术语。举个例子，新文科建设背景下"三位一体"的"组织管理学"课程教学模式创新报告。这里面新文科是赛道名；"三位一体"是成果名；"组织管理学"是课程名；课程教学模式是教育学术语。从这个名字中能看出，参赛选手讲授的课程是"组织管理学"，改革的是课程中的教学模式，改革之后的教学模式是"三位一体"，这意味着改革之前或者实行"三位一体"之前课程教学模式存在问题。"三位一体"的教学模式是创新成果、是结论。但是这个"三位一体"的表述不够直接，我们再来看另外一个例子——新医科建设背景下临床胜任力培养的"病理学"课程教学模式创新报告。在这个例子中，新医科是赛道名；临床胜任力培养是成果名；"病理学"是课程名；课程教学模式是教育学术语。以上只是标题的建议性表达方式，并不绝对，参赛教师可以酌情参考。

标题需要注意以下几个方面的技术处理：①标题尽量包含上述四项内容（也有人认为赛道不用包含，请参赛教师结合赛事要求和自身课程情况酌情决定）。②标题中的课程建设原理术语是痛点和大前提中所使用的教学术语的共同上位概念，是对正文中使用的所有教学术语的概括和整合。例如，在痛点和大前提中出现了教学目标、教学内容、教学方法、教学评价，它们的共同上位概念使用教学模式没有问题。但是如果在痛点和大前提中出现了教学目标、教学内容、教学方法、教学团队、教学资源建设，"教学模式"一词恐怕就涵盖不了，需要从课程模式、课程建设角度来概括。总之，标题中的课程建设原理术语是要能涵盖痛点和大前提中的教育学术语的，是它们的共同上位概念。③标题中的成果名要能概括出成果的创新特点，要准确。例如，上文例子中所列举的"临床胜任力培养"，还有的教师使用"听、写、练"三结合的《大学英语》教学模式创新报告作为标题。总之，成果名要能准确描述出参赛教师对课程改革的理解或者课程建设的内涵。

结论就是成果，在教学创新成果报告中体现为标题与成果的成效和辐射两个部分，我们接下来看大赛对成果的成效和辐射的具体要求是什么。理论上这部分要求证明成果的效果，其中，成效是指在课程建设本身和人才培养上的效果，参赛教师应当列举数据来证明在选课人数、选课积极性、考试成绩、学生状态等方面发生的变化以证明成果的成效，还可以通过课程获奖来证明自己的建设成效。这部分需要证明，很多参赛教师只是采用口头描述，这样效果不好，教创赛所有材料都要采用论证的方式而不是说明的方式进行写作，这个部分我们稍后再说。成果的辐射是指成果对别人产生了什么影响，具体考查的是成果被多少部门、单位采纳了，参赛教师可以举出自己被邀请开会发言、讲座、组织交流、考察、帮助其他学校组织建设课程方面的经历来证明。讲座有海报和通知，开会有邀请函，交流有照片和报道……总之，这部分要求参赛教师留痕。

4. 教学创新成果报告与教学研究（公式）、原材料和评分标准之间的对应关系

最后一个观察教学创新成果报告的角度是从大赛给出的评分标准来看，我们先看大赛的评分标准（表3-3、表3-4），然后再把评分标准融合到图3-3中，得到图3-4和图3-5，进一步揭示教学创新成果报告的本质和内部结构。

表 3 - 3　教学创新成果报告的评分标准

评价维度	评 价 要 点
有明确的问题导向	立足于课堂教学真实问题，能体现"以学生为中心"的理念，提出解决问题的思路与方案
有明显的创新特色	把"四新"建设要求贯穿到教学过程中，全面、透彻分析教学目标、内容、方法、活动、评价等教学过程各环节，能够凸显教学创新点
体现课程思政特色	概述在课程思政建设方面的特色、亮点和创新点，形成可供借鉴推广的经验做法
关注技术应用于教学	能够把握新时代下学生学习特点，充分利用现代信息技术开展课程教学活动和学习评价
注重创新成果的辐射	能够对创新实践成效开展基于证据的有效分析与总结，形成具有较强辐射推广价值的教学新方法、新模式

表 3 - 4　课程思政创新报告的评分标准

评价维度	评 价 要 点
问题导向	以落实立德树人根本任务为导向，立足于学科专业的育人特点和要求，发现和解决本课程开展课程思政教学过程中的真实问题
创新举措	能够准确把握课程思政的内涵建设要求，聚焦需要解决的课程思政教学过程的问题，在教学目标、教学设计、教学内容、方法手段、考核评价等方面提出了具体举措，且有针对性、创新性，可操作性强
创新效果	能够切实解决课程思政教学存在的问题，能够有效实现寓价值观引导于知识传授和能力培养之中，帮助学生塑造正确的世界观、人生观、价值观
成果辐射	能对课程思政实践成效开展基于案例的有效分析与总结，面向同一类型课程、同一学科专业、同一类型学校，形成具有较强辐射推广价值的课程思政教学新方法、新模式

　　必须说明的是，思政赛道的课程思政创新报告就是其他赛道的教学创新成果报告，只是名称略有不同①。思政赛道关于课程思政创新报告的评分标准较其他赛道的教学创新成果报告的评分标准略有表述上的差别，但本质上没有差别。笔者从个人角度来看，思政赛道的评分标准更直观、更

---

　　① 后续出台的产教融合赛道要求也是一样的。

好懂，我们具体分析一下。

表面上看，表3-4与表3-3在评价维度上存在着措辞上的不同，但是实际上没什么本质差别。表3-4更直观，将表3-4的四个评价维度直接放入图3-3，会得到图3-4，你会发现它直接考查的就是问题、结论、大前提和小前提。其中，问题导向考查的就是问题；创新举措考查的就是大前提和小前提；创新效果和成果辐射考查的就是结论。思政赛道的评分标准和课程思政创新报告——对应的关系非常明显。

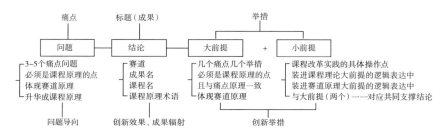

图3-4　课程思政创新报告与教学研究公式、原材料和评分标准的对应关系

表3-3（其他赛道）的评价维度为五个：有明确的问题导向、有明显的创新特色、体现课程思政特色、关注技术应用于教学、注重创新成果的辐射。这仅仅是将思政赛道的措辞修改了，其中问题导向、成果的辐射没有变化，但是有明显的创新特色、体现课程思政特色和关注技术应用于教学，其实是对创新举措的展开，这三个评价维度依旧是考核创新举措的（即大前提和小前提），我们用图3-5来展示一下，帮助教师看清它们之间的关系。

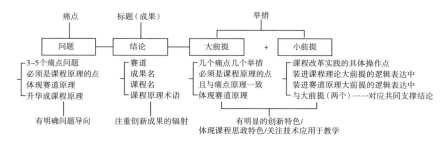

图3-5　教学创新成果报告与教学研究公式、原材料和评分标准的对应关系

　　以上是我们在教学创新成果报告中需要区分的不同赛道的不同表述及其与教学研究、原材料和评分标准的对应关系。写到这里，本书关于教学创新成果报告的要求就已经大体介绍完毕，如果说还需要补充一些内容的话，那就是提示参赛教师关注评分标准中的评价要点，即每个评价维度（表3-3、表3-4）中展开的要点都有哪些。理论上，我们在上文已经将这些评价要点融入痛点、大前提、小前提以及结论中介绍了，本部分再介绍就有一点重复，但是为了让参赛教师对评分表有一个更为深入的了解，我们从评分角度再简单描述一下。

　　首先，问题导向中的评价要点提示我们关注真实问题，关注课程思政，这一点希望教师在提炼和总结痛点问题的时候能融进去。在介绍痛点问题的时候已经明确了我们应当提出什么样的问题，因此关注真实问题这一评价要点在上文已经被介绍过。课程思政是每个赛道都要关注的内容，在问题导向的评价要点中出现课程思政就提示各位参赛教师必须在痛点中指出本学科在育人方面的一个问题，或者表现在教学目标上，或者表现在教学过程（融入）上，或者表现在教学评价上，或者表现在教学资源建设上。

　　其次，创新举措要求在教学目标、教学设计、教学内容、教学方法、考核评价等方面提出具体措施，这一条评价要点我们在介绍大前提和小前提的时候已经明确，大前提必须是教育学的原理，不能是朴素的学科课程实践。此外，我们已经在上文提及评分要点要求的课程思政、技术融入、"四新"建设等要求，请参赛教师适当考虑这些要素并将其体现出来。

　　再次，成果的成效和辐射的评价要点也没有超出上文的解读，在此也就不再赘述了。

　　最后，需要提示参赛教师的是，评价指标只是包含了研究公式（评价维度）和大前提（评价要点），并不包含小前提。如上文所述，小前提是学科课程实践（含课程和教学改革两个方面），小前提掌握在教师手里，教师要用自己的小前提尽量靠近和符合采分点（研究公式和大前提），才能向评委证明自己解决了问题和具有创新性。本质上，评分标准就是笔者在第一章和第二章所描述的教创赛的本质（教学研究）和原材料（大前提），参赛教师手中的课程实践是小前提，结合在一起就是教创赛要求的教学创新成果报告。

5. 整体的三项要求

经过上文的描述，相信参赛教师已经能够发现，教学创新成果报告有着极其复杂的内部结构，需要同时处理好教学研究公式、原材料以及评分标准的关系，这个复杂的关系有时候很难驾驭，本部分再用一段文字介绍一下教学创新成果报告在复杂的内部逻辑上遵循的普遍原则，或者说教师在撰写报告和组织加工诸多原材料、要素的时候头脑中时刻要铭记撰写教学创新成果报告要达到的目的，在处理每一处细节的时候必须时刻遵守并为实现这些原则和标准努力，这样能保证教学创新成果报告内部的秩序，不产生割裂和跑偏的情况。

1）必须形成逻辑闭环（论证）

教师要有论证的思维，时刻提醒自己注意原材料（教学研究公式的要素）之间的关系。第一，大前提、小前提要具有一一对应的关系，即大前提和小前提必须同时存在，且能呼应上。大前提和小前提经常出现的问题是只有大前提没有小前提，或者只有小前提没有大前提，以及大小前提都有但是对应不上，以上这些情况都不符合大小前提一一对应的关系。第二，大前提和小前提要能推出结论。大小前提之所以存在是因为教创赛要求针对问题提出解决方案（结论），结论是否正确取决于大小前提与结论的关系。由于教创赛只涉及单纯的演绎论证，所以我们要注意大小前提和结论之间至少要构成充分关系才能保证结论是成立的。参赛教师不能只是单纯地将大前提和小前提在形式上罗列出来而不考虑二者结合和对结论的支撑作用。教创赛要求教师在构思、撰写和表达每一句话的时候都要有严谨的论证。

2）表明问题被解决（问题导向）

参赛教师除了要提示自己撰写材料的时候要符合论证的要求，还要保证自己的论证能够直接表明提出的问题被解决了。如前文所述，与以往的赛事考查教学实践不同，教创赛考查的是教学研究，教学研究的本质是解决问题。无论是大前提、小前提，还是二者一一对应，推出结论都是为了说明我们在实践中提出的问题已经被解决。因此，教师在撰写材料时，还要注意所有的文字和表达都要为解决问题服务。

3）时刻体现创新（结果导向）

教创赛考查教学研究的同时还要求创新，因此参赛教师在保证论证、表明解决问题的基础上，还要说明自己的结论是有创新性的。实践中，很多教师不明白什么是创新。创新与问题的解决有着密不可分的关系。其一，创新只有在解决问题的过程中才能实现，它是指在解决问题的过程中，既有知识不够用了，为了解决问题而生产出新知识或者解决问题导致了新知识（含新方法、新技术）的产生。其二，是否创新以及创新性的大小是由问题决定的，我们的研究之所以具有创新性是因为解决了一个未解决的问题（即目前没有解决方案），因此创新是跟解决问题联系在一起的。创新的大小是与问题的重要性联系在一起的。假设，当今中国有人能破解 3 纳米芯片的设计和研发，那么他的研究就有很大的创新性。所以，创新性的大小只能是由问题的重要程度决定的。创新性还体现在成果的效果和推广上，创新性越高，社会的反馈也就越好，成果的辐射范围也就越大，这也是教学创新成果报告为什么要求提供相关证明材料来证明成果的成效和推广。

总之，教创赛的教学创新成果报告是一个议论文（其他材料也是），教师不仅要具备原材料篇中提及的所有素材，还要在加工素材的时候具有非常强的目标感，使原材料的加工符合问题的解决、成果的创新性表达，而这一切只能通过论证来实现。

（二）常见错误及修改

本部分，我们将结合一份参赛教师的教学创新成果报告展示常见错误以及如何修改。我们按照上文的顺序先从痛点问题入手，分析举措，最后看标题（成果）以及成果的成效和辐射分别怎么写作。需要强调的是，虽然我们拆解的是该份报告的各个组成部分（微观），但是在重构的时候我们需要从顶层设计（宏观）的角度给这份报告依托的课程进行整体的拔高和设计，原因是这门课程的地位、作用和价值在原来的报告中并没有得到体现。所以，请读者在阅读本部分的时候，一方面体会本书对微观组成部分的修改，另一方面体会整体的构思和布局，了解如何最大限度体现课程前期建设的成果和取得的成绩。

我们先来看一下这门课程的整体情况，只有了解这门课程的整体信息，才能准确地衡量应该从哪些方面展示我们的研究成果。

范例

一、课程定位

线性代数是高等院校理、工、经、管类本科生的必修基础课，也是硕士研究生入学全国统一考试中必考的数学课程之一。我校每年有数万名学生学习这门课程，同时该门课程获批国家第二批一流本科课程。

从这段课程定位的描述中我们可以看出，这是一门数学公共基础课——线性代数，每年开设给近万名本科生，该课程的基础性地位和重要程度不言而喻。同时，该课程还是一流本科课程，标志着其在前期有着丰富的积淀和建设成果。此外，通过侧面了解，该课程团队也比较合理和完整，但这些都没有被体现在申报书中。我们为什么要把这些信息挖掘出来？正如我在上文指出的那样，从现有的申报书来看，该课程的基础性地位、重要程度和前期建设的成果没有被很好地体现出来。后期，我们在帮助这位参赛教师修改材料的时候要从顶层设计上将整体思路拔高，体现这门课程的基础性、重要性和前期建设成果。

1. 痛点问题

本部分虽然研究痛点问题，但是痛点和举措是一一对应的关系，所以我们在把痛点问题呈现出来的同时，也将举措的要点罗列出来，方便读者观察它们之间的关系，在后续举措部分进行探讨的时候再将举措的全部文本展示出来。

范例

二、痛点问题

（1）重讲授轻互动。课程涵盖的内容定义多、定理多，并且具有高度抽象性、概括性，学生不容易理解。

（2）重解题轻思想。各章节内容前后逻辑联系紧密，环环相扣，并且与中学数学、高等数学知识的关联性小，与之前学习数学的思维方式差异性大。

（3）重理论轻应用。在工程应用和理论研究中遇到问题的时候，学生不会应用线性代数的知识和算法去解决。

（4）重技巧轻育人。教学的重点在知识层面，重视运算技巧的传授，因此考虑育"才"重"器"的多，考虑育"人"育"德"的少。

三、创新举措

1. 课程内容创新

（1）上好线性代数的第一堂课。

（2）在教学大纲的基础上，对线性代数的教学内容体系进行创新，将矩阵的初等变换作为贯穿整门课程的计算和重要的理论推导工具。

（3）线性代数是代数学发展的高级阶段，承载着数千年来数学深厚的积淀和不断创新的成果，蕴含着丰富的马克思辩证唯物主义世界观和方法论，铭刻着古今中外数学家们求实创新、献身事业的科学精神，更是课程思政的沃土。

2. 教学方法创新

（1）采用数形结合的教学方法；

（2）采用案例式教学方法；

（3）采用问题驱动的教学方法；

（4）采用讨论式、讲座式的教学方法；

（5）采用数学实验的教学方法；

（6）课前 5 分钟思政。

3. 教学资源创新

（1）视频资源及试题库资源；

（2）应用案例资源；

（3）课程思政案例资源。

4. 教学模式创新

5. 考核评价创新

1）问题剖析

（1）痛点问题表述不对，没有上升到教育学理论层面，还停留在现象级别。该名教师一共提出了四个问题，分别是重讲授轻互动、重解题轻思想、重理论轻应用、重技巧轻育人，这依旧是一种朴素的话语表现形式，没有上升到我们上文提及的教育学术语（具体来说就是上文的课程建设原理，包含与课程有关的原理和与教学有关的原理）层面，这种表述是不规范的。我们来深入细致地分析一下，"重讲授轻互动"说的是教学方法上的问题，意思是说在教学方法上主要采用了讲授法，没有结合多种方法，尤其是能够引发学生参与学习的教学方法。"重解题轻思想"既可以被理解成课程实施的模块安排问题，也可以被理解成课程内容的问题，意思是说教师比较注重"术"（做题），而不是"道"（数学思想）。"重理论轻应用"主要是指在课程内容上理论内容过多，没有将理论如何应用以及最新的行业进展纳入其中。必须指出的是"重理论轻应用"与"重解题轻思想"有点矛盾，因为解题本身是知识的应用。再看最后一点"重技巧轻育人"是指课程思政做得不到位，这既可以发生在课程目标中，指出课程目标的育人目标没有达成，或者设置不清晰；又可以指课程实施过程中育人功能没有融入；还可以指课程评价没有反映育人成效。总之，参赛教师在自己的教学创新成果报告中指出的重讲授轻互动、重解题轻思想、重理论轻应用、重技巧轻育人四个问题，转化成教育学术语分别被表述为教学方法、课程内容、课程实施、课程目标、课程评价等方面。提示一点，教创赛评委和选手之间的交流需要依托一套话语体系，这个话语体系一定是教育学的理论（与课程有关的理论和与教学有关的理论），但实践中，由于缺乏一套教育学话语体系，教师丰富的教学实践无法被整合和恰当地表达出来。

（2）没有体现赛道原理。理论上，这名教师应该参加的是基础课赛道，与"四新"和课程思政略有不同。基础课强调的是对各学科人才培养目标的支撑性、广泛性，但是在这里没有看出这门线性代数课程的基础性体现在哪里，这点需要我们在后续帮助这位教师设计出来。

（3）没有使用论证的语言，也就是参赛教师将痛点问题指出后，后续的文字没有支撑其观点（关于痛点的观点）。

重讲授轻互动。课程涵盖的内容定义多、定理多，并且具有高度抽象性、概括性，学生不容易理解。

重讲授轻互动是作者的观点（假设是成立的），那么后面的文字就应该论证这个观点成立，但是接下来作者使用的表述是"课程涵盖的内容定义多、定理多，并且具有高度抽象性、概括性，学生不容易理解"。这段展开的文字并不能支撑作者的观点（重讲授轻互动），这就是我们所说的文不对题。这种情况在教创赛的材料中非常常见，教师们不太会用论证的语言证明观点，反而用了一些与主题无关的文字，看起来很对仗，但实际上没有起到任何支撑作用。

同样，第二个痛点重讲题轻思想也是如此。按理说，接下来作者应该用一段文字证明重解题轻思想这种情况的存在，但是作者使用的文字是"各章节内容前后逻辑联系紧密，环环相扣，并且与中学数学、高等数学知识的关联性小，与之前学习数学的思维方式差异性大"。这段文字并不能证明作者的观点（重解题轻思想）。

同样，在第三个痛点重理论轻应用、第四个痛点重技巧轻育人中也存在类似问题。本书不一一分析，请读者自行体会，这样的文字是不能支撑观点的，用本书的话来说就是没有论证。至于如何改正，我们稍后统一介绍一个论证写作的公式（IBAC 的写作方法），帮助教师整理自己的文字表达。

（4）痛点和举措没有一一对应。我们重新回顾一下上文范例中的痛点和举措。其中痛点有四个，分别是重讲授轻互动、重解题轻思想、重理论轻应用、重技巧轻育人。举措有五个，分别是：①课程内容创新，包括上好线性代数的第一堂课、调整内容以及将马克思辩证唯物主义世界观和方法论融入；②教学方法创新，包括采用数形结合的教学方法，案例式教学方法，问题驱动的教学方法，讨论式、讲座式的教学方法，采用数学实验的教学方法，课前 5 分钟思政；③教学资源创新，包括视频资源及试题库资源、应用案例资源和课程思政案例资源的建设；④教学模式创新；⑤考核评价创新。

从上述内容的展示中，我们很容易能够看出，该份教学创新成果报告在痛点和举措上是没有对应的。也许有很多人会有疑问，我们真的需要痛点和举措是一一对应的关系吗？有没有一（痛点）对多（举措）的情况出现？对此的回答是需要对应，而且一对多的情况可能存在，但是需要将多个举措提炼到一个总的表述中与痛点对应，否则你会发现一对多中的"一"与"多"不在一个逻辑层次上。用一个生活中的例子说明，如果你去医院，你有牙痛的症状，同时又有高血压，医院给你开出的解决方案一定是一个针对牙痛，一个针对高血压。至于你说有多个举措的问题，现实中是无论多少个举措都可以被归入牙痛或者是高血压的解决方案中，如果不能归入，那只能说明你的逻辑出错了。如果你是患者，你能接受你在医院中的诊疗方案（举措）不是针对你的疾病（痛点）吗？教创赛也是同样的道理，一个痛点对应一个举措，举措下面可以有分项，但必须被概括和提炼成一个总的举措与痛点相对应。

2）修改原则

接下来我们要动手修改这份教学创新成果报告，在修改之前，我们先阐明几个修改原则。这是因为这份报告对于问题的切入层面太低，没有体现整门课程的价值。我们在上文已经指出，这是某985大学的一门数学公共基础课，每年有近1万名学生学习。同时，这门课程之前做了大量的课程改革，积累了丰富的改革实践，并且该课程被认定为第二批国家一流本科课程，这样的一门课程是需要拔高的。拔高的起点是问题的设计，由于该份报告既有问题的设计格局太小（层次太低，太微观），这门课程建设的意义被拉低了，所以我们得重新构思该门课程的问题，从而使这门课程的重要性、基础性和前期积累都体现出来，使它的价值凸显出来而不是被埋没。

（1）重新设计问题。本份报告的问题需要从课程建设大手笔切入，而不是就集中在几个课堂教学的小问题上。如前文所述，问题可以是课程建设的问题，也可以是课程模式和教学模式的问题，还可以是课程设计和教学设计的问题。课程建设、课程模式和课程设计是内涵从大到小的三个概念，有的教师只有课程设计，没有课程建设，因为课程建设强调宏观的规划、顶层的设计，通常是有一定职务的教师才涉及的，普通教师不会涉及。但是，该门课程及其主讲教师是符合课程建设切入的标准和要求的，所以我们要从更宏观的角度设计问题。

（2）上升到教学理论层面并体现赛道要求。在该份报告原来的表述中，问题都没有被提炼成教育学术语表达出来，在修改中，我们要将问题落实到与课程有关的原理或者与教学有关的原理的关注点上。本课程属于基础课程赛道，要体现出基础课的基础性、覆盖性和对各学科人才培养的支撑性，在设计问题的时候要将这些内容融入。

（3）要采用论证的方式呈现内容。本处介绍 IBAC 的写作方法，其中 I 是问题句，B 是大前提句，A 是小前提句，C 是结论句。具体解释是 I 句是问题句，即要明确指出问题是什么，如课程内容存在滞后性，不能满足多学科人才后续学习的支撑性。B 句是大前提句，即阐释理论上该门课程的教学内容应该是什么样的。例如，线性代数课程作为多学科的基础课，内容应当具有高阶性和创新性，满足多学科人才后续学习的支撑性。A 句是小前提句，即实际上该门课程的内容是什么样的。例如可以修改为：然而在实践中，线性代数课程采用的是 2010 年出版的教材，没有涵盖最新的×××内容，对工科、理科、社科类学生的学习内容不加区分且没有体现侧重，对专业人才培养目标没有进行细化且具有针对性的支撑作用。最后一个 C 句是经过大前提和小前提推理得出的最终的结论句，可以与第一句一样，也可以变换一个表达方式，但总体意思是一样的。例如可以改为：因此，线性代数这门课程在内容上是需要变革的。我们总结一下，整体呈现如下。

I 句：课程内容存在滞后性，不能满足多学科人才后续学习的支撑性。

B 句：线性代数课程作为多学科的基础课，内容应当具有高阶性和创新性，满足多学科人才后续学习的支撑性。

A 句：然而在实践中，线性代数课程采用的是 2010 年出版的教材，没有涵盖最新的×××内容，对工科、理科、社科类学生的学习内容不加区分且没有体现侧重，对专业人才培养目标没有进行细化且具有针对性的支撑作用。

C 句：线性代数这门课程在内容上是需要变革的。

这只是一个写作的范例，目的是向教师读者们介绍 IBAC 的写作模式，请务必将注意力放在 IBAC 的写作结构上，不要过度深究本范例中对线性代数内容的把握和判断是否准确，这属于学科的内容，笔者和读者（非线性代数教师）是无法把握的，只是以此为例说明论证式的写作应当如何展开。

（4）要将痛点问题和举措结合起来考虑，最终实现二者的一一对应。从目前这份报告的呈现来看，痛点是痛点，举措是举措，二者并没有实现有机的结合。

3）范例修改

经过与参赛教师多次商议，将线性代数这门课程的问题锁定在课程内容、教学模式、课程思政和资源建设几个方面。课程内容主要体现该门课程在内容上的调整，以实现其基础性、高阶性和对相关学科后续学习的支撑性，还要将最新的线性代数思想和研究成果纳入其中。课程教学模式主要体现在知识传递方式的变革上，传统课堂都是由教师讲授，然后学生做题，变革后的教学模式采用知识生成式的模式，由教师创设情景，引导学生发现问题、寻找问题解决办法和最终实现知识生成。在这个过程中，多种教学方法结合，使学生卷入学习的全过程，教师从知识的讲授者变成帮助学生获得知识的"导演"。教学模式同时涵盖课程评价，课程评价采用多种考核方式，既考核知识又考核能力，同时为考核制定了详细的指标体系。课程思政主要强调作为基础课的课程思政是如何在教学目标、教学过程、评价和相关资源建设方面形成了全链条育人机制。资源建设是线性代数这门课程的显著特点，作为一门基础课程，其覆盖的学生群体特别庞大，资源建设能够降低教学成本，提高教学效率，辅助教学效果考核，同时实现育人功能。综上，我们确定了该份教学创新成果报告的写作思路。接下来，我们就采用 IBAC 的写作方式将这些内容表达出来，请读者比较修改前后的版本，体会其中修改的原则、方法。

范例（修改后）

痛点问题

1. 课程内容高阶性不足、区分度不够，对各学科的后续学习不具有强针对性和支撑性。（I 句）

基础课的课程内容一方面要保证知识体系的完整，另一方面要实现学生的分析、评价和创新等高阶能力的培养，同时还要满足区分度和支撑性的要求，即不仅要对其所覆盖的不同学科的学习特点和要求做到内容有所侧重，还要支撑不同学科的后续学习需求。（B 句）

线性代数作为一门 985（可不提，尤其省赛、国赛）高校开设给近万人的公共基础课，内容一直没有太大变化，注重理论和知识体系的完整，对学生的高阶能力培养关注不足。同时，对社科、理工等不同学科学生的教学内容没有区分，也没有对各个学科的人才培养目标做具体调研而改革课程内容，使之更适合不同学科的学生培养需求。（A 句）

因此，我校的线性代数课程作为公共基础课在内容上亟须作出调整和改革。（C 句）

2. 教学模式重知识传递，没有激发学生的学习主动性和参与性，没有实现知识的生成和能力的培养，教学评价也主要围绕知识展开，无法考核能力。（I 句）

随着 OBE 教学理念的兴起，探究式、生成式教学模式相较于传统的知识传递教学模式越发体现出优势，不仅能够激发学生的学习主动性和积极参与性，还能转变学生获取知识的方式，这种关注教学效果的教学模式是目前教学改革的热点。（B 句）

然而线性代数课程长期以来一直采用传统的知识传递教学模式，团队教师依旧是知识传递的主体，学生是知识的被动接受者，课堂教学互动性差，学生的学习主动性没有被激发，学习效果也得不到应有的关注，教学评价只能评价知识目标是否达成。（A 句）

因此，线性代数课程在教学模式方面需要做出基于 OBE 理念的调整。（C 句）

3. 作为基础课的思政目标不清晰，育人过程生硬、不足甚至缺失，课程育人功能难达成。（I 句）

根据教育部《高等学校课程思政建设指导纲要》，基础课也要发挥课程育人的功能。（B 句）

线性代数课程长期授课任务重，课时紧张，育人目标不清晰，传递知识时不注重思政元素的融入，甚至育人过程缺失，没有达到教育部对基础课育人目标的要求。（A 句）

因此，如何强化基础课程的育人功能是目前线性代数课程建设方面的痛点问题之一。（C 句）

4. 教学资源贫乏，无法满足大规模高效教学的需求，人才培养效率低，教师教学任务繁重。（I 句）

涉及学生数量众多的公共基础课程一定要在教学资源上加强建设，减少对教师的依赖，提高教学效率，同时关注课程育人方面的要求。否则，公共基础课只能在低效、低质的教学层面运行。（B 句）

长期以来，覆盖近万名学生的线性代数课程的师资力量一直难以承受学生数量庞大的日常教学和日常考核，人才培养效率低下，无法满足人才培养质量的需求。（A 句）

如何将可循环的内容，如试题资源、教学资源、育人资源整合成可以重复利用的课程资源，释放教师资源、提升教学效率和效果也是摆在线性代数课程面前的一个痛点问题。（C 句）

这样，我们就将痛点问题梳理完毕，并且围绕教育学（与课程有关的原理和与教学有关的原理）关注的点将痛点问题提炼为理论问题，采用 IBAC 的方式进行论证式表达，结构较为清晰，内容也比较贴切，符合大赛关于教学创新成果报告的要求。需要注意的有两点内容：其一，笔者并非线性代数课程教师，只是结合参赛教师的描述大致整理了这样一份痛点问题的范例，并不能保证内容十分准确和贴切，请读者朋友们将注意力放在痛点问题的阐述原理和方式上，不要关注该门课程的内容本身是否符合实际情况，且这只是一份初稿，后续随着课程研究的深入，还需要再次润色和打磨，还会发生变化。总之，提醒各位读者，关注本书对痛点问题原理和方法的阐述并将这些原理和方法运用到自己的课程中即可，不用特别关注本书范例中涉及的线性代数课程的实际情况。其二，IBAC 是一个完整的写作架构，它能帮助我们有效厘清表达的模块并且形成有力的论证，防止我们在写作的时候出现文不对题的情况。本书的范例中，笔者采用了完整的 IBAC 写作呈现各个部分句子的表达，实际中，如果在 B 大前提已知的情况下，也可以将其省略，具体情况需要参赛教师自己结合学科和要表达的内容来斟酌处理。毕竟，教学创新成果报告有字数限制且需要反复打磨，怎么表述更为妥帖可能只有表达者（参赛教师）自己知道。总之，B 是可以被省略的一句话，是否应当省略还要看具体情况。一条基本的判断原则是，如果写上 B 有点画蛇添足就将其省略掉，如果缺了 B 不能将这件事情说清楚就必须加上它。

2. 举措

在介绍完痛点问题之后，我们接下来看举措，还是先看一下举措存在的问题是什么，再结合痛点问题，按照上文关于举措的要求进行改写。再次提醒读者朋友，本书对范例的改写只是为了呈现修改的思路和原理，并不能保证修改的文本在其本身的课程方面是绝对正确的，请读者将注意力放在修改的思路、原理和方法上。我们在痛点问题部分仅展示了举措的条目，并没有展示详情，我们先把这份教学创新成果报告（还是线性代数这门课）的举措部分完整呈现一下，然后分析它的问题在哪里。

三、创新举措

1. 课程内容创新

（1）上好线性代数的第一堂课。在第一堂课的时候提出问题：线性代数有什么用？引起学生对这门课程的好奇心，并将线性代数在工程技术、数值计算、电子信息、人工智能等领域的诸多应用通过 PPT 的演示进行简要介绍，让学生觉得线性代数有趣、有用，从而愿意主动学习。

（2）在教学大纲的基础上，对线性代数的教学内容体系进行创新，将矩阵的初等变换作为贯穿整门课程的计算和重要的理论推导工具（见例图 1）。注重不同知识点与重要概念、重要理论之间的本质联系；将一系列通常被割裂开分别讲的内容融合，轻松建立起等价命题，在理论体系的处理上科学简洁、深入浅出。

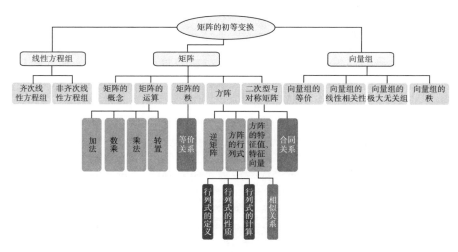

例图 1　教学内容体系

（3）线性代数是代数学发展的高级阶段，承载着数千年来数学深厚的积淀和不断创新的成果，蕴含着丰富的马克思辩证唯物主义世界观和方法论，铭刻着古今中外数学家们求实创新、献身事业的科学精神，更是课程思政的沃土。以数学思想为核心，将数学文化与历史、数学哲学、数学美学作为整体，从数学自身和其他学科汲取研究成果的精粹，实现课程内容与思政教育的有机结合，将思想品德、科学精神、文化传承通过教学内容传导给学生，使得教学中的价值引领从自发到自觉、从感性到理性，真正实现润物细无声的德治融合。

2. 教学方法创新

1）采用数形结合的教学方法

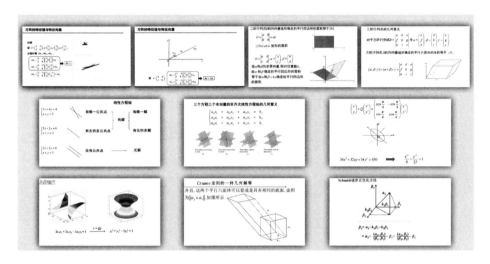

例图 2　数形结合（示例）

线性代数课程中代数与几何的联系十分密切，有些概念看起来很抽象，借助几何能够帮助学生更好地理解。将相关知识从代数与几何两个不同角度进行分析，了解代数知识在几何上的应用与本质。通过数形结合让学生体会代数的抽象美和直观美（见例图 2）。

2）采用案例式教学方法

"授人以鱼，不如授人以渔"，与其传授知识，不如传授获取知识的方法与能力。在教学过程中，通过实例展示数学方法在工程技术、经济管理、社会生活等领域的成功应用，突出数学应用和数学建模的思想方法（见例图 3）。帮助学生全面、系统、深刻地理解线性代数的主要内容，使学生能够巩固、加深、提高和拓宽所学知识，并综合运用所学知识分析、处理和解决相关领域中的某些数学应用问题。

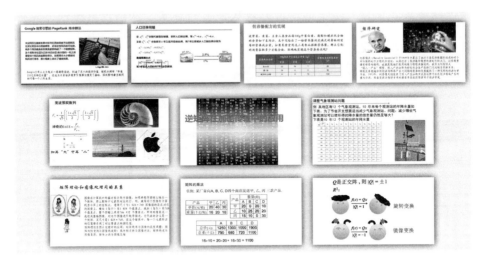

例图 3 应用案例（示例）

3）采用问题驱动的教学方法

数学学习本身就是一个不断探索的过程。将问题驱动的教学方法应用于线性代数课程，一方面，以一系列紧密联系的提问的形式作为课堂教学的切入点，激发学生的求知欲望，使之产生稳定、持久的学习兴趣，使他们能接受问题、讨论问题和解决问题；另一方面，以问题为纽带，串联起许多看似零散的知识内容，形成框架式的知识体系，便于学生宏观地把握（见例图4）。

例图 4 问题驱动法

4）采用讨论式、讲座式的教学方法

线性代数荣誉课程中采用了讨论式、讲座式的教学方法。

在课堂讲授的基础上开设讨论课，结合本阶段所学内容，布置讨论课题目，先分组讨论再由学生来主讲，采用生讲师评、学生互评的方式，通过"翻转课堂"使学生成为课堂的主体，发挥了学生的主观能动性（见例图5）。

例图5 翻转课堂

我们邀请数学专业的教授为荣誉课程的学生讲授代数学发展简史、线性代数在其他领域的应用，将数学史、数学文化等内容以讲座的形式渗透给学生，使学生对所学的数学知识有更加深入的理解和认识，提高学生的数学人文素养。我们还邀请了工科专业的教授，讲授工科专业背景知识与数学之间的紧密联系，使学生在大学一、二年级对科研产生浓厚的兴趣，培养学生探索未知、追求真理、勇攀科学高峰的责任感和使命感（见例图6）。每次讲座结束后，很多同学自愿撰写心得体会报告，以优秀影响优秀，用思想引领理想（见例图7）。

例图6 专家讲座

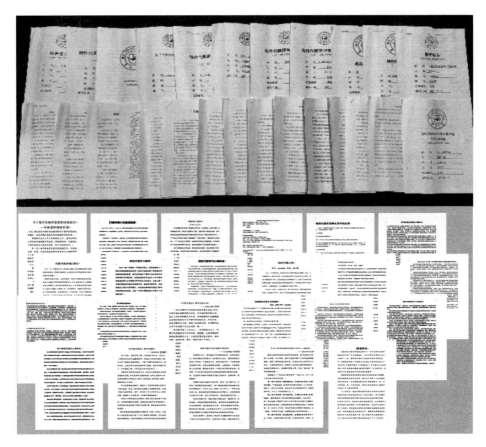

例图 7　学习心得

5）采用数学实验的教学方法

运用 MATLAB 软件强大的矩阵计算功能和丰富的函数命令，实现线性代数中计算问题的实验。以辅助学数学、用数学和做数学为实验目的，通过对一些具体问题的计算，帮助学生理解抽象的代数概念，加深对代数理论知识的认识，向学生展示如何将代数理论和数学软件相结合并应用于实际问题（见例图 8）。

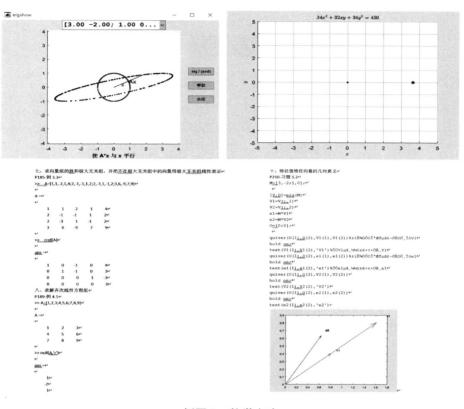

例图 8　数学实验

6) 课前 5 分钟思政

受新冠感染疫情影响，2021—2022 学年第二学期采取线上教学方式。为了取得更好的线上教学效果，开展了课前 5 分钟思政活动，以行动诠释责任、以热情注解担当、以教学展现智慧、以爱心守护成长，方寸银幕成为教师倾力打造的精彩课堂（见例图 9）。结合疫情形势和当前时事热点，从人民日报公众号、××大学视频号、青春××视频号等官方媒体选取素材，精心设计课前 5 分钟的"开场白"，结合视频内容制作 PPT，作为这节课的"封面"，使每一次的线上课堂充满仪式感和神圣感，线上精彩课堂，云端别样相聚。

例图 9　课前 5 分钟思政（示例）

3. 教学资源创新

1）视频资源及试题库资源

完整录制了线性代数课程的授课视频（见例图 10）。授课视频总数量123 个，视频总时长 1512 分钟，全校各校区学习线性代数 A、B 类的学生通过在线学习平台进行线上学习。授课视频不仅包括知识点讲授，还包括每章导言、习题讲解、案例讲解等。建设了配套的试题库资源，每节均有3～4 道练习题，测验的习题总数 129 道，每一章均配有标准化作业，还提供了历年期中、期末考试试题。这些教学资源为线上线下混合式教学的开展提供了物质基础，并通过丰富的线上资源弥补线下学时的不足。

例图 10　视频资源（示例）

2）应用案例资源

精心挑选和加工了一批与课程内容紧密贴合、反映人工智能与大数据技术等新工科前沿科技的应用案例，建设了线性代数应用案例库（见例图11）。在教学过程中，通过线性代数知识与实际案例的有机结合，取得了良好的效果。

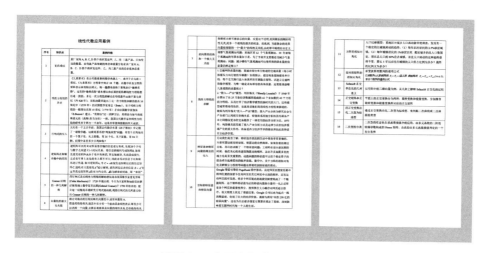

例图11 应用案例资源（示例）

3）课程思政案例资源

与马克思主义学院的老师们定期交流研讨，挖掘线性代数课程中的思政元素，在思政老师的指导下，应用于课堂教学中（见例图12、例图13）。

例图12 与马克思主义学院的老师交流课程思政

(1) “思想引领”类——“学习的课堂”

线性代数课程的诸多内容蕴含了深刻的数学思想方法，也是马克思主义哲学思想的具体体现。在教学过程中，通过对相关知识点的讲解，引领学生感受与学习抽象化的思维方式，体会马克思主义哲学观在线性代数学科发展中所起的作用。

(2) “文化自信”类——“文化的课堂”

线性代数这一学科的理论基础来源于线性方程组的求解。我国古代数学家在线性方程组的求解问题上取得了辉煌的成就，最早可见于古代数学著作《九章算术》中关于“直除法”的论述。而西方在线性方程组的研究上直到 17 世纪才由莱布尼茨建立了完整的理论体系。我国古代数学家在这一问题上的研究早于西方一千余年，这是非常值得骄傲的伟大成就。

1	高斯消元法求解线性方程组	线性方程组的求解方法早在我国古代数学著作《九章算术》中就有所记载，书中第八章列举了共计 18 道题目，并提出了“直除法”这一求解方法，其理论与如今的消元法一致。	引导学生树立文化自信，激发学生的爱国情怀。
2	n维向量空间	在 n 维向量空间的构建中，从三维空间的几何直观出发，抽象出代数的刻画，再将这种代数刻画推广到 n 维空间，从而建立起 n 维空间几何学。从三维到 n 维，从特殊到一般，这一过程体现了认识事物的一般规律。	认识事物从具体到抽象，从特殊到一般的马克思主义哲学观。
3	矩阵初等变换、矩阵相似变换、矩阵合同变换	“变与不变”的辩证关系：矩阵进行初等变化，秩不变；矩阵进行相似变化，特征值不变；矩阵进行合同变化，正、负惯性性指数不变。这就是所谓“形变质不变”的辩证思想。	以马克思主义哲学观培养学生的数学思维和科学素养。
4	矩阵的可逆与不可逆、向量组的相关与不相关、方程组的有解与无解	“对立统一”的辩证关系：线性代数的很多概念都是“对立和统一”相结合。因对立能由此知彼，因统一能互为利用，构成了线性代数丰富的知识体系。	以马克思主义哲学观培养学生的数学思维和科学素养。
5	判断矩阵是否可逆、方程组是否有解、二次型是否正定	“以量定质”的辩证思想：根据行列式的值来判断矩阵可逆性；根据方程组系数矩阵和增广矩阵的秩来判断方程组是否有解；根据二次型矩阵的特征值来判断二次型是否正定。以上都是根据它们的“量”来确定它们对应的“质”。	从马克思主义哲学思想出发，学好辩证法是深入理解线性代数概念的关键。
6	易混淆的概念的讲解	“现象与本质”的辩证关系：在讲解行列式与矩阵的区别时，虽然其外表形状很相似，但其本质完全不同，行列式本质是一个值，而矩阵本质是一个数表；在讲解两个向量的乘积时，行向量左乘列向量与列向量左乘行向量，表面很相似，但前者是一个值，后者是一个方阵，完全不同。	以马克思主义哲学观培养学生的数学思维和科学素养。
7	单位矩阵 E	单位矩阵 E 有以下运算特点： $AE=A, EB=B, A(B+E)=AB+A$ 从以上等式看单位矩阵似乎是一个“可，有可无”、“无关紧要”的角色，但从以下等式又可以看到单位矩阵 E 在矩阵运算中起到非常重要的作用： $\|P^{-1}AP+E\|=\|P^{-1}AP+P^{-1}EP\|=\|P^{-1}(A+E)P\|$ $=\|A+E\|$ 引导学生要做单位矩阵式人物，“哪里需我，我就去哪里”，不为功名利禄而学习，树立崇高的学习志向，建立积极的人生观。	培育和践行社会主义核心价值观。教育引导学生将社会主义核心价值观内化为精神追求、外化为自觉行动。
8	向量组的极大无关组	在一个向量组中可能有“多余”的向量，而极大无关组就是去掉向量组中“多余”的向量而余下的部分向量组，即以部分代替整体。把一个人类比为一个向量，把建设祖国的各类人才类比为向量组的极大无关组，激发学生努力学习，刻苦研究，成为不可替代的人，成为极大无关组中的向量，成为建设祖国的栋梁。	使学生明确学习的目的，从而激发学生努力学习的动力，努力实现中国梦。
9	方阵的特征值和特征向量	Google 搜索引擎的 PageRank 排序算法： 决定网页在搜索结果中排列位置的因素不仅是网页在其它网页中出现的频率，还有这些网页的可信度。将多个网页彼此的连接贡献度构成了一个链接矩阵，这个矩阵特征值为正的特征向量的分量归一化之后即是各个网页的重要性得分，按照得分大小顺序对网页进行排序，很大程度上优化了搜索结果。	通过应用案例，讲解理论的同时适当引导，激励学生打好理论基础，学以致用，报效祖国。
10	矩阵乘法逆矩阵	矩阵乘法在希尔密码中的应用： 希尔加密算法的基本思想是，将 d 个明文字母通过线性变换（即矩阵乘法）将它们转换为 d 个密文字母。解密只要作一次逆变换就可以了，密钥就是变换矩阵本身。希尔密码能够较好地抵抗频率分析，很难被攻破，是密码学中一个里程碑式的工作。	通过实例的讲解，从而激发学生的学习兴趣，鼓励学生应用所学解决实际问题。

例图 13　思政案例（示例）

(3) “实际应用”类——“实践的课堂”

数学不是无源之水，无本之木。线性代数产生于实际问题，发展出成熟的理论后被广泛应用。在教学中，通过讲解应用案例、分享拓展资源等多种形式，使学生了解学科的应用和发展，并鼓励学生学以致用，报效祖国。

4. 教学模式创新

将单一的课堂教师主讲授课改变为线上线下混合式教学模式。依托 ××大学在线学堂，2022 级共创建班级 54 个，学生人数 6356 人。合理设计课前、课中与课后教学，将传统教学与线上教学优势相融合，激发学生的学习积极性和创造性，拓展教与学的时间和空间，培养学生自主学习与探究能力。课前布置任务、提前预习，让学生知道学什么；课中分析问题、逻辑推演、重点讲解，教会学生如何学；课后辅导答疑、巩固提升、知识拓展，让学生明白为什么要学（见例图 14）。

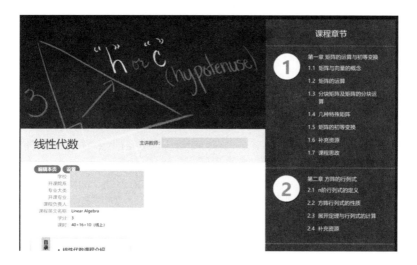

例图 14　课程门户

现代信息技术与教学深度融合，在学习通发布课前预习、课后作业、拓展资源等，充分利用"学习活动"模块中的签到、选人、抢答、随堂练习、主题讨论等功能加强线上线下师生之间的互动，以提升学生的学习成效为目标，引导学生进行探究式与个性化学习（见例图 15）。

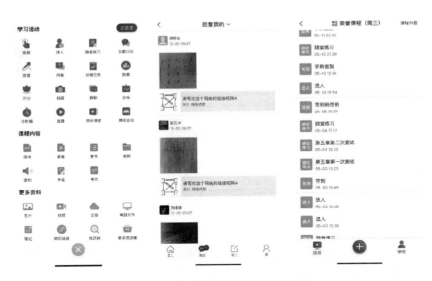

例图 15　学习通的学习活动（示例）

5. 考核评价创新

建立以作业考核、在线考核、实验考核、小组讨论、学习报告、期末考试为指标的多维度学习评价体系。平时成绩占 30%，期末考试占 70%。学习评价以产出为导向，利用学习通全流程精准记录学生线上、线下学习的各种轨迹，并按一定考核比例导出数据作为平时成绩依据，使平时成绩更加客观、公开、公正。期末考试统一出题，利用海云天电脑阅卷系统扫描试卷，采用集体阅卷方式，在电脑上批阅试卷（见例图 16、例图 17、例图 18）。

例图 16　学习通测试情况（示例）

2021—2022线线代数荣誉课程平时成绩统计表

学号/工号	学生姓名	第1次测验	第2次测验	第3次测验	第4次测验	第5次测验	第6次测验	测验最高分	期中	第1次作业	第2次作业	第3次作业	第4次作业	第5次作业	第6次作业	签到	讨论课	随堂练习	平时成绩	加分项	最终成绩
权重		20%							20%	20%						10%	20%	10%		加分项	
14210401	王梓宸	91	76	92	83	67	76	92	94	√	√	√	√	√	√	100	100	100	97		97
15210113	郭柏麟	83	76	67	76	76	100	100	97	√	√	√	√	√	√	100	100	100	99	2	100
15210120	张骊宇	99	51	92	91	91	84	99	92	√	√	√	√	√	√	94	100	100	97		97
15210123	张校锦	83	83	84	76	68	100	100	100	√	√	√	√	√	√	100	100	100	100		100
15210218	李垚天	100	100	76	99	92	92	100	100	√	√	√	√	√	√	100	100	100	100	2	100
15210226	刘菁友	99	76	92	100	84	75	100	100	√	√	√	√	√	√	100	100	100	100		100
15210308	姜星伟	76	67	100	92	83	67	100	99	√	√	√	√	√	√	100	100	100	100	2	100
15210409	刘鉴锋	60	84	100	100	92	100	100	100	√	√	√	√	√	√	100	100	100	100	2	100
15210413	叶楠	76	99	83	92	92	100	100	93	√	√	√	√	√	√	100	100	100	99	2	100
15210416	王子铭	100	92	100	76	92	100	100	100	√	√	√	√	√	√	100	100	100	100	2	100
15210418	王浩	75	84	76	60	83	44	84	99	√	√	√	√	√	√	100	100	100	97		97
15210422	张羽帆	100	84	100	92	84	92	100	97	√	√	√	√	√	√	100	100	100	99	2	100
15210429	李博伟	91	83	84	92	91	76	92	100	√	√	√	√	√	√	100	100	100	98		100
15210605	杜伟	99	91	100	100	100	100	100	94	√	√	√	√	√	√	100	100	100	99		100
15210617	王宏扬	100	92	91	76	100	91	100	100	√	√	√	√	√	√	100	100	100	100	2	100
15210703	刘少凡	76	92	92	100	84	83	100	100	√	√	√	√	√	√	100	100	100	100		100
15210704	王学臣	91	67	100	67	84	100	100	100	√	√	√	√	√	√	100	100	100	100		100
15210710	蕈宝泉	100	91	99	100	100	92	100	99	√	√	√	√	√	√	100	100	100	100		100
15210729	王佳民	75	92	83	56	83	72	92	88	√	√	√	√	√	√	91	100	100	94		94
15210812	王泽朝	92	100	96	92	67	100	100	100	√	√	√	√	√	√	100	100	100	98		98
15210823	刘鹏翔	75	75	84	76	59	64	84	99	√	√	√	√	√	√	100	100	100	97		97
15210918	赵哲康	100	76	92	76	92	100	100	100	√	√	√	√	√	√	100	100	100	100	2	100
15210923	贾智萌	92	100	68	99	92	92	100	96	√	√	√	√	√	√	100	100	100	99	2	100
15210927	陈飞阳	100	92	100	100	84	84	100	100	√	√	√	√	√	√	100	100	100	100	2	100
15211116	李建霖	83	83	47	51	59	59	83	100	√	√	√	√	√	√	100	100	100	97		97

例图 17　学习通记录平时成绩（示例）

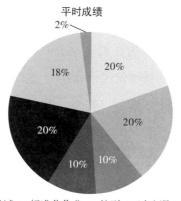

平时成绩
2%

18%　20%

20%　10%　10%　20%

◼ 章节测验　◼ 期中考试　◼ 标准化作业　◼ 签到　◼ 讨论课　◼ 随堂练习　◼ 加分项

例图 18　平时成绩构成

1）问题剖析

（1）与痛点问题不对应。这个问题我们在上文的痛点问题部分已经指出，此处就不再赘述了。需要指出的是，该份报告在举措部分是用教育学术语表达出来的，作者使用了课程内容、教学方法、教学资源、教学模式、考核评价等专业的教育学词汇，这一点是值得肯定的。但是这些术语的逻辑关系有一些混乱，理论上教学模式是涵盖了教学方法的，是其上位概念，教学资源属于课程建设的部分，应该独立于内容、方法、评价之外，而不应该穿插在其中①。在课程（教学）涉及的各个要素中，如目标、内容、方法、评价等，目标应该排在第一位，内容是第二位，然后才是方法，最后是评价，这是由课程内部的逻辑顺序决定的，不能前后颠倒。有时候我们看到参赛教师将教学目标放在最后，教学评价放在最前面，这本质上是由没有弄清教学设计或者课程设计的内部逻辑所致，长期从事教学研究或者有丰富教学经验的人一看就知道参赛教师对这些元素理解得不深入，还停留在表面上。

（2）缺乏顶层设计。这个问题我们在上文已经提及了，整份报告并没有凸显线性代数这门课程的前期成果和作为基础课的重要性。这表现为报告的切入点比较微观，缺乏能体现宏观设计、课程规划方面的思考和呈现。

（3）内部逻辑混乱。报告在教学方法创新和教学模式创新部分使用了大量的笔墨，然而方法创新和模式创新本身是有交叉的，这两个概念不是一个逻辑层次上的概念却被并列。此外，内部逻辑混乱还体现在每个部分的展开上，如在第一部分课程内容创新下面有三个小方面分别是：上好线性代数的第一堂课；在教学大纲的基础上，对线性代数的教学内容体系进行创新；以数学思想为核心，将数学文化与历史、数学哲学、数学美学作为整体，从数学自身和其他学科汲取研究成果的精粹，实现课程内容与思政教育的有机结合。这三个部分不但语言表述的风格和形式不统一，而且三者与课程内容创新没什么关系。为什么是创新，该份报告都没有交代清楚。在教学方法创新的部分，报告罗列了多种教学方法：采用数形结合的

---

① 尽管有些人也主张课程资源可以放入内容部分进行展示，但是考虑到课程资源不是人人都有的，是一个可以区分的关键点，甚至是一个课程建设的亮点，还是建议单独列出。实践中，有资源建设的课程总是让评委感觉建设的周期很长、积累很丰富，所以单独陈述有益处。

教学方法，采用案例式教学方法，采用问题驱动的教学方法，采用讨论式、讲座式的教学方法，采用数学实验的教学方法以及课前 5 分钟思政。这里值得思考和澄清的内容特别多，案例教学法、问题驱动教学法、讨论式教学法这些都好理解，也比较常见。什么是数形结合教学方法？讲座式教学法①？课前 5 分钟思政是教学法吗？数学实验的教学方法与案例教学法和问题驱动教学法有什么关系？这些内容恐怕都经不起细致推敲。

（4）没有采用论证式表达，都是内容的堆砌。举措部分还是存在上文提及的问题——都是文字描述，不是论证的方式。例如，在课程内容创新模块，报告中指出了以下三个方面。①上好线性代数的第一堂课。在第一堂课的时候提出问题：线性代数有什么用？引起学生对这门课程的好奇心，并将线性代数在工程技术、数值计算、电子信息、人工智能等领域的诸多应用通过 PPT 的演示进行简要介绍，让学生觉得线性代数有趣、有用，从而愿意主动学习。②在教学大纲的基础上，对线性代数的教学内容体系进行创新，将矩阵的初等变换作为贯穿整门课程的计算和重要的理论推导工具。注重不同知识点与重要概念、重要理论之间的本质联系；将一系列通常被割裂开分别讲的内容融合，轻松建立起等价命题，在理论体系的处理上科学简洁、深入浅出。③线性代数是代数学发展的高级阶段，承载着数千年来数学深厚的积淀和不断创新的成果，蕴含着丰富的马克思辩证唯物主义世界观和方法论，铭刻着古今中外数学家们求实创新、献身事业的科学精神，更是课程思政的沃土。以数学思想为核心，将数学文化与历史、数学哲学、数学美学作为整体，从数学自身和其他学科汲取研究成果的精粹，实现课程内容与思政教育的有机结合，将思想品德、科学精神、文化传承通过教学内容传导给学生，使得教学中的价值引领从自发到自觉、从感性到理性，真正实现润物细无声的德治融合。

---

① 我们说到讲座的时候一般都是从教学内容角度介绍的，而不是从教学方法。讲座一般被认为是对教学内容的补充，是将学科前沿引入到教学内容中。

通过上文的讲解，我们能够看出，这三段文字没有形成论证。这三段文字所处的位置应当发挥的功能是证明参赛教师在课程内容上进行了创新，三段文字分别是三个证据，但是很遗憾，这三段文字没有发挥证据的作用，没有达到证明教师在课程内容上创新的目的。也许会有很多读者说，仔细辨别的情况下还是能看出教师是做了一些创新努力的，如将思政内容纳入线性代数的课程中，或者上好线性代数第一堂课。但是参赛教师要将这些东西总结成内容创新的术语表达出来：这些内容是符合内容创新的时代性？还是符合内容创新的思想性？还是符合内容创新的前沿性？如果教师只是把自己做的事情直接摆在这里，让评委猜这是不是创新，这是一种错误的做法。正确的做法是先指出课程内容创新的标准（大前提）是什么，然后再将自己在实践中的操作（小前提）与大前提结合起来，最终证明该位参赛教师在课程内容上实现了创新。参赛教师要注意采用论证的表现手法，而不是基本信息的罗列，更何况这些信息还存在"裸奔"的情况，即没有用教育学术语包装起来，让人摸不着头脑。

（5）缺乏主题思想，各部分没有为一个既定的主题服务。缺乏主题思想并不是在举措部分才出现的问题，事实上在问题部分（痛点）乃至全文都出现了这个问题。教创赛的要求是所有提交的材料都应当证明参赛教师解决的问题以及由此而形成的成果的创新性。也就是说，教创赛的任何一次展示和任何一个文件都有需要达到的目的——证明问题被解决以及成果（结论）具有创新性。从本份教学创新报告呈现的内容来看，参赛教师介绍了自己在课程内容、教学方法、教学模式以及评价机制方面做出的"创新"，但这些内容没有通过一条主线连接和贯穿，即创的是什么"新"？参赛教师要能够提炼出自己在课程内容、教学方法、教学模式和评价机制方面共同的一条主线，而这条主线就应该是成果的名字。但是，很遗憾，我们没有看到这条主线。缺乏这条主线就说明该名教师的问题意识不清楚，虽然在问题部分列举了几个痛点，但是这些痛点未反映该门课程存在什么问题，这些举措是否从根本上解决了这个问题。

事实上，通过跟参赛教师的多次沟通，我们了解到线性代数这门课程面临的主要问题是课程很基础，但是该课程一直没有做到具有高阶性、区分度以及支撑各专业人才后续学习的需要。为此，才要持续进行课程改革和建设。了解到情况后，我们就帮助该名教师将课程的主线定位为"厚基础、促高阶、夯育人、强支撑"这样一个主题，后续这个主题也会变成成果的名字。在这个整体的主题基调带领下，我们才能在痛点问题、举措方面做到扣住主题，而不是像现在这样，虽然教师在报告中介绍了自己在课程内容、教学方法、教学模式以及评价机制方面的创新，但它们各自为政，并没有为同一个主题服务。接下来，我们就看一下怎么在扣住主题的情况下，对举措部分进行修改，从而使之言之有据、文题相符并且实现最终的目的——证明实现了"厚基础、促高阶、夯育人、强支撑"这个主题目标。

2）修改原则

（1）扣住主线。修改一定是对应问题的，修改之前的报告最大的问题是没有主线，导致报告虽然看起来由很多个部分的内容组成，但还是很散，各部分没有为一个整体的目标发力，即没有证明教创赛要求的最核心的东西——成果的创新。因此，举措的修改首先要满足的原则就是为上文确定好的主线或者成果的创新——"厚基础、促高阶、夯育人、强支撑"服务。

（2）与痛点一一对应且具有设计性。缺乏顶层设计这个问题我们在分析痛点和举措的问题的时候已经提及过。所以，我们在总结提炼痛点问题的时候进行了调整。举措这个部分与痛点必须一一对应，因此只要痛点中的问题具有顶层设计感，举措部分的大方向就能保证。在举措部分的修改中，我们依旧遵循痛点顶层设计的原理，对应痛点一一呈现举措。

（3）重新梳理举措内容并归类。该份报告在修改前，我们会发现很多内容搭配出错的地方，即本属于教学内容方面的内容被放在了教学方法中，比如讲座式教学方法，严格意义上这部分不应该被提炼成教学方法，应该被提炼为对课程内容的改革，表述成将最新科研成果纳入课程内容，实现课程内容的前沿性和时代性。比如将数学实验作为教学方法并不恰当，其本质应该是理论联系实际，增强学生的实践操作能力。这部分可以归纳为教学内容，增强教学内容的实操性，提升学生的解决问题能力。比如，课前 5 分钟思政，这也不是教学方法，是有关课程思政的一个小举措，至于归类到哪里还需要再斟酌。总之，我们需要对参赛教师在原报告中提供的素材进行重新加工。

（4）采用 IBAC 的写作范式进行论证式的呈现。上文已经指出，这份报告中的文字部分没有为观点（各级标题）服务，不能达到论证的效果，没有论证，就无法令评委信服，再者，文字本身表述也是不规范的。所以，无论如何我们都要调整文字表达，以达到更好地呈现自己教学创新效果的目的。但还是要指出，IBAC 是一个写作结构，在必要的时候可以将四句话都写全，也可以适当删减，如不写 B 句。总之，写与不写取决于参赛教师上文是否有提及，教师和潜在的信息接收者（评委）有没有共识。如果已经表达过或者存在共识就可以省略，否则就显得有点过于繁冗。

3）范例修改

范例（修改后）

举措

（1）围绕高阶性、区分度和支撑性打造"$1+1+1+N$"的课程内容综合模块。

课程团队通过对线性代数支撑的社科类、理工类专业人才培养目标和后续学习对本课程的特殊要求的深入分析，对线性代数的内容进行区分、添加、高阶设计和整合，先提炼出各学科都必须掌握的基础知识模块（第一个"1");之后将最新的线性代数前沿研究成果与思政小故事整合为一个知识模块(第二个"1");然后将提升高阶型(解决问题能力)的数学实验形成第三个知识模块(第三个"1");最后围绕各学科后续学习的特殊要求整合成第四个知识模块("N"),如例(修)图 1 所示。(A 句,揭示课程团队怎么做的。)

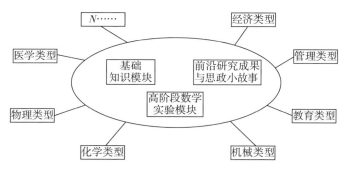

例(修)图 1 "$1+1+1+N$"的课程内容综合模块

在这种课程内容综合模块的区分下,每个专业都能够得到一个量身打造的课程内容体系。这个课程内容体系中既有线性代数课程的基础知识,实现课程作为基础课程必须具有的"厚基础"功能,又有数学实验模块内容以满足学生高阶能力培养的需要。最主要的是我们还将学术前沿和关于线性代数课程的思政小故事整合进课程内容,最终满足课程内容的前沿性、思想性要求。(A 句,揭示课程团队这么做满足了主题"厚基础、促高阶、夯育人、强支撑")这样,课程就在内容方面满足了基础性、多专业区分度、高阶性和支撑性等方面的要求。(C 句)

(上述的小前提 A 句,回应痛点 1,提示创新点"$1+1+1+N$"的课程内容综合模块对应"厚基础、促高阶、夯育人、强支撑"。)

(2)基于 OBE 教学理念,打造以高阶思维培养为核心的 MIRAT 教学模式,激发学生的学习主动性,建立对学生能力的过程性教学评价机制。

首先,如例(修)图 2 所示,课程团队改革了传统的讲授式教学模式,打造以探究、问题解决为主的 MIRAT 教学模式。在该教学模式中,教师首先负责设计教学场景，组织学生在场景中提出问题，然后鼓励学生通过线上自学、同伴学习等方式掌握解决问题的知识，再用知识分析问题，得出结论。在 MIRAT 教学模式中，教师成为"设计师和咨询师"，而不是传统课堂中的讲授者；学生成为知识探索者、学习者以及问题解决者，而不是传统课堂中的被动接受者。

其次，MIRAT 教学模式必然要兼容多种教学方法，如 PBL 教学方法、小组讨论教学方法，考查高阶思维必备的归纳式和演绎式教学法也必须用到，因为在解决问题的环节必然涉及归纳和推理。

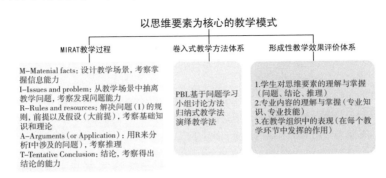

例（修）图 2　以思维要素为核心的教学模式

最后，围绕 MIRAT 教学模式能够清晰设计出形成性教学评价指标体系，而不是单纯地围绕期中、期末时间节点和课前课后作业等简单教学流程设计教学评价。建立以作业考核、在线考核、实验考核、小组讨论、学习报告、期末考试为指标的多维度学习评价体系。利用学习通全流程精准记录学生线上、线下学习的各种轨迹，并按一定考核比例导出数据作为平时成绩的依据，使平时成绩更加客观、公开、公正。期末考试统一出题，利用海云天电脑阅卷系统扫描试卷，采用集体阅卷方式，在电脑上批阅试卷［见例（修）图 3、例（修）图 4］。

2021—2022线线代数荣誉课程平时成绩统计表

学号/工号	学生姓名	第1次测验	第2次测验	第3次测验	第4次测验	第5次测验	第6次测验	测验最高分	期中	第1次作业	第2次作业	第3次作业	第4次作业	第5次作业	第6次作业	签到	讨论课	随堂练习	平时成绩	加分项	最终成绩
权重		20%							20%	20%						10%	20%	10%		加分项	
14210401	王梓宸	91	76	92	83	67	76	92	94	√	√	√	√	√	√	100	100	100	97		97
15210113	郭柏麟	83	76	67	76	76	100	100	97	√	√	√	√	√	√	100	100	100	99	2	100
15210120	张馨宇	99	51	92	91	91	84	99	92	√	√	√	√	√	√	94	100	100	97		97
15210123	张校锦	83	83	84	76	68	100	100	100	√	√	√	√	√	√	100	100	100			100
15210218	李垚天	100	100	76	99	92	92	100	100	√	√	√	√	√	√	100	100	100		2	100
15210226	刘善友	99	76	92	100	84	75	100	100	√	√	√	√	√	√	100	100	100			100
15210308	姜星伟	76	67	100	92	83	67	100	99	√	√	√	√	√	√	100	100	100		2	100
15210409	刘銮锋	60	84	100	100	92	100	100	100	√	√	√	√	√	√	100	100	100		2	100
15210413	叶楠	76	99	83	92	92	100	100	93	√	√	√	√	√	√	100	100	100	99	2	100
15210416	王子铭	100	92	100	92	76	92	100	100	√	√	√	√	√	√	100	100	100		2	100
15210418	王浩	73	84	76	60	83	44	84	99	√	√	√	√	√	√	100	100	100	97		97
15210422	张羽帆	100	84	100	92	84	92	100	97	√	√	√	√	√	√	100	100	100	99	2	100
15210429	李博伟	91	83	84	92	91	76	100	100	√	√	√	√	√	√	100	100	100	98	2	100
15210605	杜伟	99	91	100	100	99	92	100	94	√	√	√	√	√	√	100	100	100	99	2	100
15210617	王宏扬	100	92	91	76	100	91	100	100	√	√	√	√	√	√	100	100	100		2	100
15210703	刘少凡	76	92	92	100	84	83	100	100	√	√	√	√	√	√	100	100	100			100
15210704	王学臣	91	67	100	67	84	100	100	100	√	√	√	√	√	√	100	100	100			100
15210710	董宝泉	100	91	99	100	100	92	100	99	√	√	√	√	√	√	100	100	100			100
15210729	王佳民	75	92	83	56	83	72	92	88	√	√	√	√	√	√	91	100	100	94		94
15210812	王泽胡	92	100	96	92	67	100	100	90	√	√	√	√	√	√	100	100	100	98		98
15210823	刘鹏翔	75	75	84	76	59	64	84	99	√	√	√	√	√	√	100	100	100	97		97
15210918	赵哲康	100	76	92	76	92	92	100	100	√	√	√	√	√	√	100	100	100		2	100
15210923	贾哲萌	92	100	68	99	92	92	100	96	√	√	√	√	√	√	100	100	100	99	2	100
15210927	陈飞阳	100	100	100	100	84	84	100	100	√	√	√	√	√	√	100	100	100		2	100
15211116	李建霖	83	83	47	51	59	59	83	100	√	√	√	√	√	√	100	100	100	97		97

例（修）图 3　学习通记录平时成绩（示例）

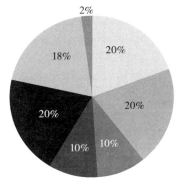

■章节测验　■期中考试　■标准化作业　■签到　■讨论课　随堂练习　■加分项

例（修）图 4　平时成绩构成

（以上均为小前提 A 句，回应痛点 2，提示创新点高阶思维培养为核心的 MIRAT 教学模式，对应"促高阶"。）

（3）构建线性代数课程从目标到融入评价和资源的全支撑，形成全链条育人机制［见例（修）图 5］，夯实基础课程育人功能（I 句）。

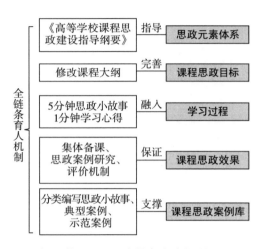

例（修）图 5　全链条育人机制

首先，课程团队根据《高等学校课程思政建设指导纲要》对基础课程和理工类课程思政元素挖掘的指示，对本课程重要的思政元素进行深入细致的挖掘，形成思政元素体系和资源库，供承担本课程的教师在进行课程思政时参考。

其次，课程团队根据相关文件要求修改了课程大纲，将课程目标中的情感、态度、价值观目标丰富和完善，编写含有思政元素和融入过程的示范类教学大纲，供团队教师参考。

再次，课程团队在课程实施环节中采用多种方式将思政元素融入，如课前 5 分钟思政小故事，学生分享学习心得、结合实施要点感受课程知识的应用等。

复次，在评价机制中增加对教师育人环节的考查，以及设立集体备课制度和课程思政案例教学研讨机制（每周研讨一次）。

最后，建立了课程思政案例资源库。课程团队将课程思政小故事按照"思想引领""文化自信""实际应用"等模块进行分类，鼓励教师编写课程思政典型案例、示范案例，组织分享，不断充实案例库建设。

（以上均为小前提 A 句，回应痛点 3，提示创新点全链条育人机制，对应"夯育人"）

（4）采用现代教育技术，形成能满足大规模、高效教学需求的教学资源库，减少对教师的低效依赖，提升人才培养质量和效率（I 句）。

首先，课程团队打造大量的线上课程资源，将课程中基础类、知识传递类的内容转移到网上做成微课，在教学过程中安排学生课前预习或者自学，极大释放了课堂教学空间并且减少了教师的课堂讲授任务和压力。课程团队完整录制了线性代数课程的授课视频。授课视频总数量 123 个，视频总时长 1512 分钟，全校各校区学习线性代数 A、B 类的学生通过在线学习平台进行线上学习。授课视频不仅包括知识点讲授，还包括每章导言、习题讲解、案例讲解等。以 2022 年为例，依托 ×× 大学在线学堂，2022 级共创建班级 54 个，学生人数 6356 人。课程团队将现代信息技术与教学深度融合，在学习通发布课前预习、课后作业、拓展资源等，充分利用"学习活动"模块中的签到、选人、抢答、随堂练习、主题讨论等功能加强线上线下师生之间的互动，以提高学生的学习成效为目标，引导学生进行探究式与个性化学习［见例（修）图6］。

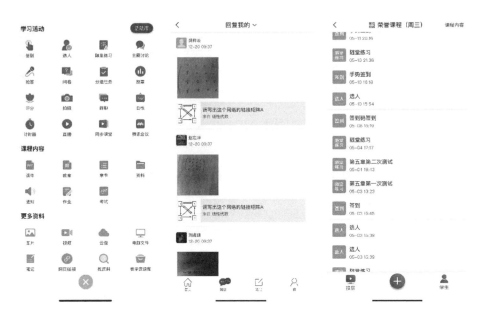

例（修）图 6　学习通的学习活动（示例）

　　其次，建设了配套的试题库资源，每节均有 3～4 道练习题，测验的习题共 129 道，每一章均配有标准化作业，还提供了历年期中、期末考试试题。这些教学资源为线上线下混合式教学的开展提供了物质基础，并通过丰富的线上资源弥补线下学时的不足〔见例（修）图 7〕。

例（修）图 7　视频资源

再次，建设了应用案例资源。精心挑选和加工了一批与课程内容紧密贴合、反映人工智能与大数据技术等新工科前沿科技的应用案例［例（修）图8］。建设了线性代数应用案例库，在教学过程中，通过线性代数知识与实际案例的有机结合，取得了良好的效果。

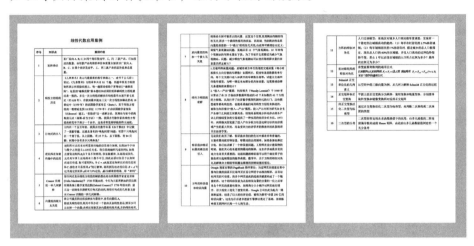

例（修）图8　应用案例资源（示例）

最后，建设了课程思政案例资源。课程团队与马克思主义学院的老师们定期开展交流研讨，挖掘线性代数课程中的思政元素，在思政老师的指导下，将思政元素应用于课堂教学中。这部分已经在举措3课程思政部分详细介绍过，不再赘述。

（以上均为小前提A句，回应痛点4，提示创新点案例资源库建设，对应"强支撑"。）

以上，我们就将痛点和举措介绍完毕，我们再用一张整体的表格来呈现一下它们的顶层设计、对应关系、对主题的支撑。

表3-5　痛点和举措的对应关系及对主题的支撑

厚基础、促高阶、夯育人、强支撑①		
痛　点	举　措	支撑目标
课程内容高阶性不足、区分度不够、对各学科后续学习不具有强针对性和支撑性	"1+1+1+N"的课程内容综合模块	厚基础、促高阶、夯育人、强支撑
教学模式重知识传递，没有激发学生的学习主动性和参与性，没有实现知识的生成和能力的培养，教学评价也主要围绕知识展开，无法考核能力	以高阶思维培养为核心的MIRAT教学模式	促高阶
作为基础课的思政目标不清晰，育人过程生硬、不足，甚至缺失，课程育人功能难发挥	全链条育人机制（课程思政）	夯育人
教学资源贫乏，无法满足大规模高效教学的需求，人才培养效率低，教师教学任务繁重	教学资源库（现代技术）	强支撑

3. 标题（成果名称）

标题就是教学创新成果报告的结论，是一个成果名字的总概括和总表达。理论上，标题应该体现出赛道、成果名、课程名和某个教育学术语。其中，要体现赛道不仅是因为大赛是分赛道进行的，还因为能体现选手关注到了赛道要求。毕竟通过我们上文的分析，赛道原理也是我们必须关注和满足的其中一个大前提。但是，赛道原理是否需要直接表达在标题里因人而异，请参赛教师自行斟酌，如果太过啰唆和冗长也可以省略，但是在汇报和呈现的环节必须照顾赛道和提及赛道。以本书使用的线性代数这门

---

①　在讨论中，我们还产生了另一个关于成果名称的想法——"厚基础、促高阶、夯育人""三位一体"的"强支撑"线性代数课程创新成果报告，即将强支撑作为总的建设目的，其余三项——厚基础、促高阶、夯育人用来证明线性代数做了强支撑三个方面的改革。这种构思就改变了本书正文中四个方面——厚基础、促高阶、夯育人、强支撑的并列结构，这也是一种思路，提出来供大家参考。总之，基础课程的特征就是基础，对其他专业人才培养起到支撑作用，是将三个点汇聚到强支撑这一个总的观点上，还是将四个点并列，取决于教师自己对课程的理解。最后，改为教师选择了四点并列的思路。在讨论中还有一位老师建议将这门课程的成果名称改成"培养卓越工科人才"的线性代数课程创新成果报告，意图将这门课聚焦到主要培养工科人才上。经过思考，我们认为这样的思路是不妥当的，原因如下：①线性代数是公共基础课，与工科专业课不同，与卓越工科人才培养中间并不像工科专业课那样有直接的关联；②线性代数课是基础课，可以支撑卓越工科人才培养，但不能直接培养；③线性代数这门课程不仅开给工科，还有其他学科。总之，基础课的特征就是基础且支撑，不能越俎代庖直接去干专业课的活。

课程的教学创新成果报告为例。标题就不必体现赛道（基础课赛道）名称，但是在上文呈现的痛点、举措中，我们无时无刻不在强调这是一门公共基础课，应该遵循基础课的特点、要求来进行建设和改革创新。

标题中必须有一个成果名称，这就是我们上文提及的主题（本书中举例的主题为"厚基础、促高阶、夯育人、强支撑"）。主题必须明确，一方面这是参赛教师给自己的研究成果起的名字；另一方面主题也是对全文的概括，全面体现教师对赛道、研究、问题、创新的理解。本书中的例子最后确定的成果名称（主题）为厚基础、促高阶、夯育人、强支撑。这个成果名称从问题的角度来理解，就是揭示了"线性代数"这门课程在基础性、区分度、高阶性、课程育人和对其他学科后续学习的支撑度上存在的问题；从举措的角度来理解，就是高度总结和概括了"线性代数"这门课程通过改革和多年的建设想要达到的目标，即在地位上依旧要强化厚基础的目标，在能力培养上要提升高阶性，在课程思政上要夯实育人功效，对于其他专业人才培养目标要起到强支撑的作用。这样就串起了教学创新成果报告的所有内容，是所有内容必须服务的主线。教学创新成果报告中的每一句话都要为主题服务，任何对证明主题没有贡献的话都是废话，应该被删除或者修改。

标题中必须含有课程名称，这能让评委明白建设的课程是什么，从课程的名称也可以判断课程的类型，如本部分集中探讨的就是"线性代数"这门既重要，又基础，还很难的课程，一旦课程名称提炼出来后，评委对课程和选手的基本情况也就心中有数了。笔者还曾经在辅导比赛的时候帮助一名参赛教师找到了自己心仪的成果名称，这位教师在遇到笔者之前一直不知道怎么描述自己的成果。我让他跟我说他要解决的问题和最大的特色，然后这位教师就一直说，我就一直听。在这位教师描述的一系列情况中，他强调的两点内容被我抓住。他说他的课程"机械原理"要让学生知道，现在中国的很多技术已经在国际上领先了，如高铁。学习机械原理不能只学习国标，还要熟悉欧标、美标，要让我国先进的技术走向世界必须熟悉对方的标准。在这个基础上，他制作了线上课程，重塑了课程内容，改革了教学的很多方面。我对这位教师说："你这个成果有一个特别鲜明的特点——提升国际胜任力。"最后他的题目就变成了"新工科背景下培养学生国际胜任力的'机械原理'课程教学创新成果报告"。还有另外一位教师的成果报告标题被我修改成"智慧农业背景下学生实践能力培养的'昆虫学'课程教学创新成果报告"。

我还遇到过一位思政组参赛教师，他的成果名称是"'中医内科学'课程'五段式三结合一提升'思政教学创新与实践"，这类标题特别常见，但是不符合给成果起名字的标准，名字必须体现赛道原理，包含课程以及涵盖痛点举措。这是一位医学院的教师，我将他的报告起名为"厚植国医大师精神，培养德技双馨人才的五步三阶'中医内科学'课程教学创新成果报告"。只有"厚植国医大师精神，培养德技双馨人才"，才能够让我们看出这是一个思政赛道的选手；"五步三阶"能体现出成果的技术特征；"中医内科学"是课程名称，这样修改下来至少比之前的名字好一些。

标题中必须有一个教育学术语，这是课程改革和课程建设的抓手。这个教育学术语一定是我们在原材料篇提及的教育学大前提中的某个专业术语，可以是教学模式，可以是课程教学，可以是课程建设，可以是教学设计、课程设计。根据每位老师教龄、资历、课程建设的情况，我们可以选择偏宏观的课程建设、课程模式，偏中观的教学模式等。但课程设计、教学设计太微观，平时很少使用。大多数教师在参赛的时候愿意使用模式这样的词汇，如教学模式，这个词汇的量感比较适中。在本书的例子中，笔者倾向于使用课程教学，因为本书中讨论的《线性代数》这门课程开设在985大学，面向近万名学生，非常基础，前期建设成果也颇丰，所以使用教学模式这个词汇有点小；在问题和举措中，教学模式只是这门课程建设的一个部分，使用课程建设又有点大且不聚焦，所以就采用了课程教学这个概念，既涵盖了课程问题，又涵盖了教学问题，但事实上是在课程建设这个大层面上展开讨论的。

本着上述提及的标题撰写原则，我们一起看一下怎么给教学创新成果报告起名字，还是以本书中的"线性代数"课程为例，我们给它起的名字是——"厚基础、促高阶、夯育人、强支撑""四位一体"的"线性代数"课程教学创新成果报告①。这只是一个暂时拟定的标题，后续在打磨和润色的过程中还有可能修改。但是，不可否认的是，我们需要有一个主题来贯穿整份教学创新成果报告的全部内容，所有的内容都要为这个主题服务。

4. 成效和推广

成效和推广是指当参赛教师的成果完成之后，该项成果从人才培养、课程建设的角度取得了哪些效果。成效是指围绕课程建设谈对人才培养的效果，具体表现为学生、教师和课程本身发生变化的情况。学生的情况包括学生的学习情况、学习效果、获奖情况等；教师的情况包括教师个人取得的成绩、获奖情况等；课程本身的情况包括课程获奖情况等。推广则是该项成果对其他人产生了什么效果，具体表现为覆盖了哪些学校、是否有人邀请分享和交流等。这部分需要注意的有两点：其一，要尊重"成效"和"推广"的内涵，不要把内容归类错误，如把推广的具体措施和内容写进成效，把成效的具体表现写入推广。其二，依旧要用论证的方式呈现。有很多教师在这个部分就用描述的句子呈现，如课程取得了良好的效果，这个良好的效果不仅要用语言说，还得用证据呈现，如学生成绩显著提高（放入课程建设前后的成绩对比图），如学生选课意愿增强（放入课程建设前后的选课人数对比图）等，总之需要提供证据，不能光写一句"效果很好"，这样根本不能让评委信服。再次提醒一下，教师手中的小前提是用

---

① 当然，也可以把"教学"二字去掉，直接表述成——"厚基础、促高阶、夯育人、强支撑""四位一体"的"线性代数"课程创新成果报告，只不过这样一来，课程教学变成了课程，范畴就更大了。

证据表现出来的，证据就是实物（客观存在），不是教师的语言描述。有时候，笔者在指导教创赛材料撰写的时候，一些教师坚持认为自己已经为证明小前提存在提供了证据——用语言描述的"效果"。这种观点是错误的，光有教师的语言描述，评委是无法判断真伪的，教师的描述还需要用实物证据来支撑才能令人信服。

我们先看一份在成效和推广部分写得比较规范的教学创新成果报告，然后再看一下本书中的例子——"线性代数"在这部分存在什么问题以及如何修改。这份比较合乎要求的范例分别从理论成果和课程成果两个角度介绍了成果本身的成效以及被应用的情况，请读者注意区分，如果参赛老师的成果中包含两个及以上内容也可以分开表达。此外，范例中还包括社会效果，我们通常所指的成果的推广和辐射都是发生在高校范围内，但范例中的成果还有超出高校范围之外的影响，所以就单独列举了出来。

范例

（一）理论成果应用、推广和实际效果

（1）理论成果包括教材《批判性思维与写作》（6次印刷，销售近3万册）、《论文写作》（年底出版）；课程思政专著《批判性思维视域下课程思政的教与学》（4次印刷，销售近1万册）；论文写作课程思政案例集《你学习那么好，为什么写不好论文？》（2次印刷，销售近1万册）。其中，《批判性思维与写作》获得中国法学教育研究成果奖三等奖，吉林省第十二届教育科学优秀成果奖二等奖。（这段描述的是理论成果及成效，注意，这是一段文字，还需要提供获奖证书、销售数据等作支撑）

（2）上述成果均被吉林大学、长春中医药大学、吉林财经大学、沈阳师范大学、辽宁大学、长春理工大学、喀什大学、长春工程职业技术学院、白城医学高等专科学校等众多高校引进，作为论文写作指导用书。课程思政专题曾多次受到吉林省教育厅、辽宁省教育厅以及各高校邀请，对超过4000名教师进行相关培训，同时向教育部高教司文科处汇报工作1次。负责人还多次受邀参加全国会议进行交流。（这段描述的是理论成果的辐射。注意，这是一段文字，还需要会议邀请、成果采纳证明、图片等证据进行支撑）

（二）课程成果应用、推广和实际效果

（1）课程成果在吉林大学法学院开设9年，在吉林大学唐敖庆班开设2年；作为通识课程被长春中医药大学、吉林财经大学、沈阳师范大学、辽宁大学、长春理工大学、北京工商大学、国际关系学院等高校引进，覆盖超过3000名本科生，1200名研究生。此外，课程还可以用来指导青年教师进行科学研究。由于本成果项下写作课内容偏思维培养，适用范围很广，可以满足任何有学术写作需求的群体的写作要求。（这段描述的是课程成果及成效。注意，这是一段文字，还需要提供高校引进证据、开课数据作支撑）

（2）课程在实践中产生了一系列实际效果。①学生对课程认同度显著提升，选课人数和选课热情逐年增加。②学生写作能力提升。通过调查问卷方式了解到，学生对写作的规律和本质要求认识有所提升，对课程满意度较高。③学生论文写作质量提高。在写作课内容调整之前，学生论文优秀和良好的比率占6%~8%；调整之后，优秀和良好率可以达到30%。课程团队老师多次获得"法学院最受学生喜爱的教师"称号。（这段描述的是课程成果的辐射。注意，这是一段文字，还需要提供获奖证书，学生评教数据、成绩数据等作支撑）

（三）社会推广

（1）本成果已经进行了相关的线上资源建设，供在校大学生选择使用。

（2）本成果受到实务部门，如公检法司的关注，常年用于法官、检察官写作能力的培训；成果完成人经常受到学术服务机构邀请，面向社会面进行写作能力培训。

（3）成果负责人开设的写作类公众号已经有 13 万人关注，是高校学术类头部公众号，具有广泛的知名度。目前成果完成人已经组建了全省的写作课程团队，进一步对师资进行培训，未来将面向全国高校广泛推广通识写作课程。（这段介绍的是整体成果对高校圈之外产生的影响，也属于推广和辐射）

以上是一份撰写较为规范的范例，我们再结合上文线性代数的教学成果报告，看看其中成效和推广部分撰写得是否合乎要求。

| 范例 ▶

四、创新实践成效

线性代数课程团队在 2016 年获评省级优秀教学团队。2020 年线性代数课程获评××大学第二批本科"创新示范课程"建设项目，2021 年申报了国家级线下一流课程。

团队教师有××省教学名师 1 人，获得××大学本科"课堂教学质量奖"卓越奖 2 人次、优秀奖 3 人次。近 5 年团队教师作为负责人承担省级教改重点项目 2 项、新工科专项 1 项；校级教改项目 3 项；课程思政"学科育人示范课程"项目 1 项；公开发表教改论文 5 篇。团队教师主编、高等教育出版社出版的大学数学系列教材第三版 3 本、第四版 5 本；清华大学出版社出版的经济管理数学基础系列教材第二版 4 本；以上教材均为国家级规划教材，其中《大学数学——微积分》（第 3 版）上册、下册于 2021 年获首届全国教材建设奖二等奖（见例图 19）。主讲人曾获第五届（2019）全国高校数学微课程教学设计竞赛金奖、首届（2015）全国高校数学微课程教学设计竞赛一等奖、××大学第八届"青年教师教学水平大赛"二等奖、第十二届全国大学生数学竞赛优秀指导教师奖；主讲的线性代数课程，2021—2022 学年第二学期学生评教满意度为 100.01%，在学院所有课程中排名第一（见例图 20）。

1	工科系列公共数学荣誉课程拓展、提升及思政研究	2021.09-现在	**省教育厅重点项目	13	《大学数学—随机数学》第3版	2015	高等教育出版社
2	《高等数学B》标准化题库建设	2015.09-2017.09	**省教育厅重点项目	14	《大学数学—随机数学习题课教程》第3版	2015	高等教育出版社
3	新工科背景下工科数学荣誉课程体系的建设与实践	2019.07-2021.10	**省教育厅新工科专项	15	《大学数学—微积分》下册第3版	2015	高等教育出版社
4	**大学本科教学信息化建设与改革实践项目——开放共享的大学数学体系建设与实践	2022.08-现在	**大学	16	《经济管理数学基础-微积分（上册）》第2版	2014	清华大学出版社
5	课程思政的教学设计理念与方法研究——子项目	2020-现在	**大学	17	《经济管理数学基础-微积分（下册）》第2版	2014	清华大学出版社
6	**大学课程思政"学科育人示范课程"《线性代数B》	2020.12-现在	**大学	18	《经济管理数学基础-微积分习题课教程（上册）》第2	2014	清华大学出版社
7	**大学专业学位研究生精品课程建设项目	2020.10-现在	**大学	19	《经济管理数学基础-概率论与数理统计习题课教程（上册）》第2	2014	清华大学出版社
8	《大学数学—微积分习题课教程》下册第4版	2021	高等教育出版社	20	走向数学素养培养与课程思政相融通的教学	2022	**教育《高教研究与评估》
9	《大学数学—线性代数》第4版	2021	高等教育出版社	21	线性代数教学设计的一点体会	2021	**广播电视大学学报
10	《大学数学—线性代数习题课教程》第4版	2021	高等教育出版社	22	工科研究生《计算方法》课程教学改革探讨	2020	**广播电视大学学报
11	《大学数学—随机数学》第4版	2021	高等教育出版社	23	高等数学教学改革的有效性措施	2020	**广播电视大学学报
12	《大学数学—随机数学习题课教程》第4版	2021	高等教育出版社	24	**大学《高等数学》课程教学探讨	2019	**广播电视大学学报

例图 19　团队成果（示例）

大学2021—2022学年第二学期期末在线教学质量评价指标

教师，讲授《线性代数a》课程。

您在 学院中，按满意度排名第1位，总体满意度：100.01%，平均得分98.4。

满意度分布如下：非常满意90.63%，满意：9.28%，一般：0.0%，不满意0.0%，很差0.0%；

应有98人（次）学生评价，实际参评96人（次）。统计时间：2022年6月20日08：57：20

例图 20　评教结果（示例）

1）问题剖析

该份教学创新成果报告在成效和推广方面存在以下几个方面的问题？

（1）没有区分成效和推广。事实上，该份报告缺乏推广方面的内容。这是一个致命伤，如果没有推广方面的信息，证明这根本就不是一份具有创新性的成果，因为都没有其他学校学习和观摩过。事实上，笔者与该课程的负责人和参与人都交流过，这个课程不论是在校内还是在其他学校都有被邀请分享课程建设经验的经历，这本身就是推广和辐射的内容。此外，在线性代数课程教学方面的研讨会上，课程负责人也被邀请参会并作大会发言，这也属于推广和辐射的内容。还有，学校所在地区的其他高校有采用该校编写的教材，这也是推广和辐射部分的内容。该位参赛教师忽略了推广方面的内容撰写，这是一个比较大的遗憾。

（2）成效部分的撰写没有逻辑，非常混乱。我们在上文提及，成果的成效部分大致可以围绕学生、教师、课程本身的一些要素来进行撰写。回到该份范例本身，可以看出，线性代数这门课程的前期建设成果还是挺多的，效果也很显著，但是该位教师撰写得十分没有层次，将课程本身、团队教师、学生的相关情况掺杂在一起写作，这会让报告内容看起来十分混乱，而且也标志着教师本人对这部分的梳理没有到位。这部分内容如果较多的话，可以分成几个部分写作。此外，学生的数据较少，还可以增加学生对课程的反馈、选课学生的数量是否有变化、学生成绩是否有提升、学生是否有获奖等数据。毕竟课程建设的结果是提升人才培养能力，在众多的成效指标中，学生的指标是很重要的部分。

（3）结合图文证据证明建设成效。这也是我们在上文提及的内容，成效部分目前文字居多。文字是必要的，但还可以将相关的奖状、证书、数据、教材等做成图片辅助呈现建设成效。

2）修改原则

（1）补充关于推广方面的信息和数据，完善该份报告关于成果的成效和推广方面的内容，将成果的作用通过语言完整地表达出来，助力参赛教师获得理想的成绩。

（2）对成效部分的内容进行梳理，分门别类地呈现，尤其注重学生部分数据的梳理和呈现。

（3）补充相关图表，支撑成效和推广中的相关描述和数据。

3）范例修改

范例（修改后）

1. 成效

（1）学生方面：近几年学生选课数量增多；学生成绩有显著提升；学生评教数据相较之前有提高；学生在 2020 年度、2021 年度、2022 年度的大学生数学建模竞赛中多次取得一等奖、二等奖的好成绩。（提供数据图

片和获奖图片)

(2)教师方面:课程团队在 2016 年获评省级优秀教学团队;团队教师有××省教学名师 1 人,获得××大学本科"课堂教学质量奖"卓越奖 2 人次、优秀奖 3 人次。主讲人曾获第五届(2019)全国高校数学微课程教学设计竞赛金奖、首届(2015)全国高校数学微课程教学设计竞赛一等奖、××大学第八届"青年教师教学水平大赛"二等奖、第十二届全国大学生数学竞赛优秀指导教师奖。(提供图片)

(3)教研方面:近 5 年团队教师作为负责人承担省级教改重点项目 2 项、新工科专项 1 项;校级教改项目 3 项;课程思政"学科育人示范课程"项目 1 项;公开发表教改论文 5 篇。(提供图片)

(4)教材方面:团队教师主编、高等教育出版社出版的大学数学系列教材第三版 3 本、第四版 5 本;清华大学出版社出版的经济管理数学基础系列教材第二版 4 本;以上教材均为国家级规划教材,其中《大学数学——微积分》(第 3 版)上册、下册 2021 年获首届全国教材建设奖二等奖。(提供图片)

(5)课程方面:2020 年线性代数课程获评××大学第二批本科"创新示范课程"建设项目,获批 2022 年国家级线下一流课程。(提供图片)

2. 推广和辐射

(1)校内推广。负责人曾作为一流课程建设的主要参加人在校内各学院进行课程建设分享、经验交流和课程建设示范;多次参加教务部门组织的教学研讨、教学午餐会和教师培训活动。(提供图片)

(2)校外推广。本课程受邀在×××高校作课程建设分享;负责人受邀在×××教学研讨会上发言,交流课程建设经验。课程开发的教材、试题库对地区内兄弟院校开放,资源共享。×××高校到我院调研线性代数一流本科课程建设情况。(提供图片)

这样，我们就将这份报告的成效和推广部分撰写完毕，请读者们主要观察修改思路，不要深究实质内容，毕竟线性代数在本书中只是一个例子，也不是笔者负责的课程，在后续还需要继续优化和修改。本书只是通过这份报告呈现修改的思路和原则，以及修改前后在结构、内容、逻辑上的变化。此外，本书并没有提供相应的支撑图片，只是在相应的段落标记出需要提供图片或者相应证据，一方面是因为笔者本身无法提供这些图片，另一方面是因为这些图片会占用大量的版面，对本书的读者来说知道需要提供证据即可，至于图片本身的内容对参赛教师的借鉴意义不大。最后需要提醒的是，在成效和推广这部分仍需要采用 IBAC 的撰写模式，即采用论证的方式进行表达。读者们可以承前省略 B 句，也可以将 C 句含糊掉，因为本处就是为了证明有成效和推广，但是一定要有 A 句。所以，本部分虽然没有强调 IBAC 的写作模式，但是实际上还是在用这种模式写作，只不过有时候可以根据实际情况省略一些内容。事实上，只要是证明某种观点成立，都需要采用 IBAC 的写作模式，所以在痛点部分、举措部分、成效和推广部分都需要用到 IBAC，可以灵活使用，毕竟大前提（B 句）已经在痛点部分提及过一次，后续在举措部分不用再提，可以承前省略。

5. 摘要

按理说，教学创新成果报告最重要的部分——痛点、举措、成果（标题、成效和推广）已经撰写完毕，深加工篇的教学创新成果报告部分可以结束了，但是还有一个很重要又经常被忽略和出错的部分——摘要。摘要是成果报告中除了标题之外首先映入眼帘的内容，但很多老师对这个部分的撰写是没有思路的，不知道依据什么要求和底层原理来撰写，致使实践中这个部分撰写得各种各样，表述得五花八门。那么摘要的目的和功能是什么呢？合格的摘要怎么撰写呢？本部分再用一点笔墨将这个问题说清楚。

其实，教学创新成果报告的摘要与普通论文摘要差不多，都是呈现报告的基本观点和内容的。普通论文的摘要就三句话，提出的问题是什么？

问题产生的原因是什么？以及解决方案是什么？而且正规的摘要要用第三人称撰写，不能出现本文、笔者等字眼。所以，摘要的作用就是给读者（教创赛中主要是评委）一个关于内容和核心观点的简短介绍，让读者快速了解正文的内容。有多么简短呢？每个部分用一句话介绍即可。教学创新成果报告的摘要也可以按照这个思路撰写，一句话介绍这是一门什么课程，痛点有哪些，围绕痛点采取的举措是什么，形成了一个什么成果，以及效果和推广如何？我们一定要围绕这些内容展开介绍，无关的内容不要浪费笔墨，要给评委一个关于报告正文的简短、有力、切中要害的介绍。我们还是以线性代数这门课程的摘要为例，看看它存在的问题是什么，怎样修改，调整之前和之后有什么变化。

▌范例

摘要：本文从线性代数课程的课程定位与目标、问题与理念、课程创新、创新实践成效四个方面阐述了课程教学创新成果。其中课程创新包括：课程内容创新、教学方法创新、教学资源创新、教学模式创新和考核评价创新。在新工科背景下，以学生为主体，以教师为主导；以传授知识为目标，以普及文化为目的，以提升能力为主线，以提高素养为主点，在线性代数教学中搭建起连接数学基础课程与前沿信息科技的桥梁。教学方法体现先进性和互动性，信息技术与教学深度融合，引导学生进行探究式与个性化学习，强化师生、生生互动。采用线上线下相融合的教学模式，课堂教学与实验演示相结合；纸质作业与网上测验相结合；自主学习与线上答疑相结合。教学组织与实施突出学生中心地位，资源的组织、教学形式的组织符合认识规律，关注学生人格和能力的个性化差异，关注学生未来发展的需要。一方面突出数学理论方法的系统性和连贯性；一方面加强应用案例的引入和数学建模解决方法的讲述；另一方面增加思政元素的有机融入，把思想引领、知识传授、能力培养融入教学全过程，使学生在耳目一新的课堂体验中取得豁然开朗的收获，于醍醐灌顶的思想顿悟后形成躬身践行的自觉。2020 年线性代数课程获评××大学第二批本科"创新示范课程"建设项目，团队教师在教学创新方面取得一系列优秀成果。

1）问题剖析

（1）该份摘要撰写的思路很乱，没有一条主线，基本上属于想到哪写到哪，没有逻辑，让人缺乏阅读的兴趣。例如，摘要第一句——本文从线性代数课程的课程定位与目标、问题与理念、课程创新、创新实践成效四个方面阐述了课程教学创新成果。这是思路句，意图说明本文想说什么，其实这个思路是对的。摘要需要汇报痛点是什么、举措是什么、成果是什么以及成果的成效和辐射。第一句话基本上是符合摘要写作的底层要求的，但是接下来该名教师并没有按照第一句话的思路展开论述，而是直接过渡到课程创新的四个方面，即第二句话——其中课程创新包括：课程内容创新、教学方法创新、教学资源创新、教学模式创新和考核评价创新。这句话就意味着教师直接绕过痛点问题谈举措了。接下来的第三句至第七句话——在新工科背景下，以学生为主体……于醍醐灌顶的思想顿悟后形成躬身践行的自觉。这些说的都是具体的举措，而且应该对应第二句话所提及的课程内容、教学方法、教学资源、教学模式和考核评价，但是很遗憾，没有对应上，这也是摘要中最混乱的地方。最后一句——2020 年线性代数课程获评××大学第二批本科"创新示范课程"建设项目，团队教师在教学创新方面取得一系列优秀成果，想说的是课程的成果，但是也没说成果是什么，成效也就指出一条获得了创新示范课的课程建设支持，还是校级的，没什么分量，而且也不完整。

（2）该份摘要缺乏必要的内容。经过上文的分析，我们很容易看到这份摘要缺乏痛点问题、成果的成效和推广，这是正文中最重要的两个部分。作者将全部注意力都集中在创新举措上，但也没将举措介绍清楚。

（3）该份摘要撰写得过于冗长，字数过多，需要进行精简。教学创新成果报告是有字数限制的，没有必要在摘要这部分浪费这么长篇幅，更何况还没有将意思表达完整和准确。

（4）使用了本课程这一类的第一人称表述，需要转换叙事视角。

2）修改原则

（1）明确摘要撰写包括课程定位（第一句话），痛点问题（第二句话），重要举措（第三句话），形成成果（第四句话）以及成果的成效和推广（第五句话）。不能丢失成分，不能思路混乱。

（2）采用高度概括的文字进行表达，将复杂的痛点、举措、成效和推广用精简的一句话概括出来，不要罗列具体内容。

（3）改变第一人称的表述，不要使用本课程这一类的主语，而是要使用第三人称的表述，客观陈述。

3）范例修改

范例（修改后，全面版）

摘要：线性代数课程是所有高校的公共基础课中最为重要的一门课，其目标是……（第一句：课程定位与目标）。为了解决该课程在教学内容上缺乏高阶性、支撑性、区分度；在教学模式上以传递知识和学生被动接受为主；在课程育人上效果不理想以及在资源上难以满足大规模高效教学的要求等问题（第二句：痛点问题），课题组在课程内容上形成了"$1+1+1+N$"的内容模块，以实现高阶性、区分度和支撑性；在教学模式上采用了能够促进知识生成的 MIRAT 教学模式，兼容 PBL 等多种教学方法并形成了对学生的"知识 + 能力"进行综合测试的评价机制；在育人上，依据《高等教育课程思政建设指导纲要》形成了从目标到实施的全链条育人机制；并建设了课程、试题、思政资源等多个资源库以满足基础课大规模、高效高质教学的需求（第三句：举措），最终形成了"厚基础、促高阶、夯育人、强支撑"

"四位一体"的课程教学模式（第四句：成果）。该成果在学生选课、成绩提升、大赛表现、教师能力提升、教学研究、课程建设等方面取得了积极的建设成效，2022 年，课程获批国家级线下一流本科课程。该成果在校内外建设经验分享、大会交流和指导其他学校课程建设方面也发挥了积极的推广和示范作用（第五句：成效和推广）。

以上是一个撰写得较为完善和全面的摘要，即便如此也比原文缩减了100 多个字，变得相对简洁和思路清晰。如果教师在最后阶段发现字数有一些难以控制，还可以将摘要进一步精简，变成一个简单的版本。精简的原则是将痛点、举措、成效和推广再进一步高度概括。

范例（修改后，精简版）

摘要：线性代数课程是所有高校的公共基础课中最为重要的一门课，其目标是……（第一句：课程定位与目标）。为了解决该课程在传统课程建设模式下在教学内容、教学模式、课程育人和资源建设上存在的难以支撑基础课大规模、高质量、激发学生学习积极性等方面的问题（第二句：痛点问题），课题组在内容上形成了"$1+1+1+N$"的内容模块；在教学模式上采用了 MIRAT 教学模式；依据《高等教育课程思政建设指导纲要》形成了从目标到实施的全链条育人机制；并建设了课程、试题、思政资源等多个资源库（第三句：举措），最终形成了"厚基础、促高阶、夯育人、强支撑""四位一体"的课程教学模式（第四句：成果）。成果在学生培养、教师能力提升、教学研究、课程建设等方面取得了积极的建设成效，2022 年，课程获批国家级线下一流本科课程。成果在校内外建设经验分享、大会交流和指导其他学校课程建设方面也发挥了积极的推广和示范作用（第五句：成效和推广）。

这是一个精简的版本，字数被控制在 300 字左右，修改过的两个版本可以使教师在撰写摘要时明确几个问题：①要按照正文的组成部分，即痛点、举措、成果、成效和推广来写，内容缺一不可，课程定位和目标建议也用一句话表明，因为评委可能跟你不是一个学科的，这样能快速地让评委了解课程情况，但也没必要展开，点到为止。②每一个部分尽量用一句话概括，不仅要控制字数还要准确描述。③当需要控制摘要字数时，要从痛点、举措、成效等的下级层次入手，将这些下位的层次收起，不要过度展开即可，而不是将痛点、举措、成效这些主要内容模块进行削减。记住，麻雀虽小但五脏俱全，削减是层次性的，是从整体上共同缩减，而不是局部性的或者干脆砍掉一块。④最后需要注意的是，要保持各部分的均衡，痛点、举措和成效等的比例都要差不多，字数分配也差不多，尽量不要出现一个部分字数多，而另一个部分字数少得可怜的不均衡情况。在这些别人看不到也不容易重视的地方进行控制，就会给评委极大的信心，评委会认为你有 hold住全方位的能力，对思路、字数、结构、比例都能做到力所能及的控制。至此，本书就将教学创新成果报告的部分全面介绍完毕了，我们从痛点、举措、标题一直介绍到了成效和推广，甚至还对摘要进行了拆解。接下来我们就要进入教创赛要求的第二份材料的分析中。

三、教学设计创新汇报

（一）教学设计创新汇报的理论解析

教创赛要求的第二份材料是教学设计创新汇报，这份材料最终是以 PPT形式呈现的，在介绍这份材料如何撰写之前，我们先将本部分的全部内容通过一个整体的表格呈现。表 3 - 6 系统地向我们展示了教学设计创新汇报的本质、结构和相关要求的一一对应关系。本部分将结合表 3 - 6 逐一介绍以下内容：教学设计创新汇报与教学创新成果报告的关系、教学设计创新汇报的组成部分、教学设计创新汇报的组成部分与评价标准的对应关系。

表 3-6 教学设计创新汇报的本质、结构和要求

第一列	第二列	第三列	第四列
	教学设计创新汇报		教学创新成果报告
	大前提	小前提	
评价维度	评价要点	参赛教师的做法	证明成果的创新性成立
	评分标准中的具体采分点	课程实践	教学创新成果报告
教学设计理论 1级大前提 教学设计五个模块	2级大前提 教学设计五个模块的具体展开（一流课程建设对教学设计五模块的具体要求）		
	3级大前提，教创赛具体强化的2级大前提要点	小前提强调：①变化；②变化符合大前提要求（共三级大前提）	在教学设计的各个模块上支撑成果及其创新性
理念与目标	①思想性目标（课程思政）； ②理念性目标（以学生为中心）； ③层次性目标（知识、能力、情感）； ④支撑性目标（专业培养目标和毕业要求）	①课程设计体现"以学生为中心"的理念（要理解该理念）；②教了解学科和学生；③在各自学科领域推进"四新"建设，带动学科教学创新（要了解"四新"对本学科教学的要求）；④体现对知识、能力与思维等方面的要求（要理解知识、能力与思维）；⑤教学目标清楚、具体，易于理解、便于实施，行为动词使用正确和表达述规范（要理解教学目标怎么撰写和表达）	①创新前：②创新后；课程实践的变化符合理念和目标（大前提）五项要求	
内容分析	①思想性； ②时代性； ③前沿性； ④逻辑性； ⑤通识性； ⑥实践性	①教学内容前后知识点关系、地位、作用描述准确，重点、难点分析清楚（要求深度掌握学科知识体系，即教科书）；②能够将教学内容各学科研究新进展、实践发展新经验、社会需求新变化相联系（要求了解学科前沿、学科实践）	①创新前：小前提不符合要求；②创新后：课程实践的变化符合理念和目标（大前提）二项要求	

续表

	教学设计创新汇报的本质、结构和要求			
	第一列	第二列	第三列	第四列
课程思政	①思政元素挖掘是否准确；②思政元素融入是否有方法	①将思想政治教育与专业教育有机融合；②引用典型教学案例举例说明；③具有示范作用和推广价值	①创新前：小前提不符合要求；②创新后：要证明课程实践的变化符合课程理念和目标（大前提）三项要求	
过程与方法	①课前、课中、课后（线上线下相结合）；②课堂教学过程；③教学方法；④考核内容和方式	①教学活动丰富多样，能体现各等级水平的知识、技能和情感价值（教学活动多样）。②能创造性地使用教材，内容充实精要，适合学生水平；结构合理、过渡自然，便于操作；理论联系实际，启发学生思考及解决问题能力）。③能根据课程特点，用创新的各种教学策略，解决课堂中存在的各种问题和困难；难点把握准确，重点突出，难点应用信息技术，创设教学环境，关注师生、生生互动，强调自主、合作、研究性学习（技术、环境、互动、自学）。④合理选择教学方法（教学方法）	①创新前：小前提不符合要求；②创新后：要证明课程实践的变化符合课程理念和目标（大前提）四项要求	
考评与反馈	①多种考核方式；②从知识到"知识＋能力"的考核；③指标体系	①采用多元评价方法，合理评价学生知识、能力与思维的发展（要掌握并采用多种评价方法）；②过程性评价与终结性评价相结合，有适合学科、学生特点的评价的规则与标准（两种评价相结合并且有规则和标准）	①创新前：小前提不符合要求；②创新后：要证明课程实践的变化符合课程理念和目标（大前提）二项要求	

1. 教学设计创新汇报与教学创新成果报告的关系

教学创新成果报告是教学设计创新汇报的原理，教学设计创新汇报是教学创新成果报告在一门课上的体现。教学创新成果报告的主要呈现思路是"问题—结论—大前提—小前提"；教学设计创新汇报的主要呈现思路是"教学理念和目标、教学内容、教学过程与方法、教学评价"等内容。需要注意的是，教学设计创新汇报要服务于教学创新成果报告，我们汇报教学设计的目的是证明教学创新成果报告中的结论，即创新成果。反映在表3-6中，即第一、二、三列的内容（教学设计创新汇报的各个组成部分）对第四列（教学创新成果报告）形成支持。用上文线性代数的例子来说，我们制作线性代数这门课程的教学设计创新汇报的目的是证明"厚基础、促高阶、夯育人、强支撑"这一创新成果。

2. 教学设计创新汇报的组成部分

教学设计创新汇报的是一门课的设计情况，遵循的是课程设计原理，但是教创赛使用的表述是"教学设计"创新汇报。教学设计和课程设计包含的内容模块基本相同，只不过课程设计针对的是一整门课，教学设计针对的是一个教学单元，围绕一整门课开展的教学设计其实就是课程设计。但是教创赛并没有像我们一样从理论上区分得这么精细，我们就遵循教创赛的逻辑使用"教学设计"这个表述①。

教学设计创新汇报由大前提和小前提构成，即表3-6中第一、二、三列的内容。其中，大前提是教学设计创新汇报所依据的理论，包含三级大前提（1级大前提、2级大前提和3级大前提）。我们先介绍前两级大前提（1级大前提和2级大前提属于纯粹教学设计原理内容），3级大前提涉及评分标准，我们在下一个部分再介绍。

---

① 上文已经多次提及这个问题，这也是教创赛文件的一个逻辑矛盾点，在实践中也引发了一些争论。让我们随时观察官方文件是否在后续作出细化的解释和说明。

　　教学设计创新汇报遵循的思路是"教学设计"逻辑，主要包含教学目标、教学内容、过程与方法、教学评价，结合表3-6来看，就是1级大前提（大前提即教学设计理论的一部分）的内容。只不过教创赛为了突出比赛目的，强化并融入了教学理念、课程思政和学情分析这三个部分内容，并将教学评价表述为考评与反馈。但本质上，表3-6中的1级大前提是按照教学设计的逻辑脉络展开的。参赛教师首先要明确，汇报的具体思路应该按照1级大前提的内容展开，即教学设计创新汇报的PPT目录页主要应该体现第一列的内容。

　　表3-6中的1级大前提只是一个大方向，体现的仅是教学设计有几个模块。2级大前提则是一流课程建设对教学设计的这几个模块的具体要求，即一流课程建设围绕每一个具体内容模块（如教学目标、教学内容、过程与方法、教学评价）的展开细节，这也是课程建设和创新的依据。毕竟教创赛考查的是一流课程建设，在教学设计创新汇报这部分不仅要知道其根本思路是围绕教学设计原理展开的，还要知道一流课程建设对课程（教学）设计原理的各个部分的具体要求和导向是什么。

　　一般而言，1级大前提的内容应该体现在目录上，2级大前提的内容就是展开汇报每个具体模块，如教学目标、教学内容、过程与方法、教学评价时具体PPT页所依据的相应大前提。

　　1级大前提中的教学目标模块包含2级大前提中的四个具体内容，分别是：①思想性目标（课程思政）；②理念性目标（以学生为中心）；③层次性目标（知识、能力、情感）；④支撑性目标（专业培养目标和毕业要求）。意思是说，当今时代的课程建设（如一流课程建设）在教学目标上需要满足思想性目标、理念性目标（即教学理念）、层次性目标和支撑性目标，这与之前课程建设仅考虑层次性目标是不同的（有的课程甚至连层次性目标都设计得不全面）。

　　1级大前提中的教学内容包含2级大前提中的六个具体展开细节，分别是：①思想性；②时代性；③前沿性；④逻辑性；⑤通识性；⑥实践性。意思是说，符合时代要求的课程建设（如一流课程建设）在教学内容上应该尽可能满足以上六个方面的要求。

1级大前提中的课程思政包含2级大前提中的两个具体细节，分别是：①思政元素的挖掘是否准确；②思政元素融入是否有方法，意思是说，课程建设中的课程思政要体现出思政元素的挖掘是否准确以及融入是否符合要求。

1级大前提中的过程与方法包含2级大前提中的四个具体展开细节，分别是：①课前、课中、课后（线上线下相结合）；②课堂教学过程；③教学方法；④考核内容和方式。意思是说，课程建设中的教学过程与方法既体现在课前、课中和课后的线上线下混合式教学模式上，在课堂教学的过程中也要实现从传递式向生成式（探究式）的转，还要兼顾多种教学方法，考核内容和方式也要随之改变。

1级大前提中的考评与反馈包含2级大前提中的三个具体展开细节，分别是：①多种考核方式；②从知识到"知识＋能力"的考核；③指标体系构建。意思是说，在教学评价的环节中要满足多种考核方式并存，还要让评委看出评价方式能同时准确衡量出学生的知识水平、能力水平，最好是有成型的指标体系。总之，教师在进行教学设计创新汇报时必须依据1级大前提和2级大前提展开。

除了上文介绍的大前提，教学设计创新汇报还包括小前提——参赛教师的课程实践。小前提要符合大前提，并且在大前提的逻辑框架之内被整合和表达。值得注意的是，小前提需要满足的大前提一共有三级，分别是1级大前提、2级大前提和3级大前提，其中1级大前提和2级大前提在上文已经详细描述，3级大前提是大赛关于教学设计创新汇报评分标准中的评价要点（即具体采分点）。我们在下一个部分——教学设计创新汇报的组成部分与评价标准的对应关系中会详细介绍，在这里只是指出小前提需要满足的大前提有 3 级①。大小前提一一对应（形成教学设计创新汇报），也即上文提及的大前提和小前提（第一、二、三列）共同支撑教学创新成果报告（第四列）。

3. 教学设计创新汇报的组成部分与评价标准的对应关系

在理论部分，我们已经介绍了教学设计创新汇报和教学创新成果报告之间的关系、教学设计创新汇报的各个组成部分。接下来，我们还要介绍教学设计创新汇报组成部分与评分标准的具体对应关系。我们先了解一下教创赛关于教学设计创新汇报评分标准的规定，如表 3 - 7 所示，然后再将其整合到教学设计创新汇报的组成部分中。

表 3 - 7　教学设计创新汇报评价标准

评 价 维 度	评 价 要 点
理念与目标	课程设计体现"以学生发展为中心"的理念，教学目标符合学科特点和学生实际；在各自学科领域推进"四新"建设，带动教学模式创新；体现对知识、能力与思维等方面的要求。教学目标清楚、具体，易于理解，便于实施，行为动词使用正确，阐述规范
内容分析	教学内容前后知识点关系、地位、作用描述准确，重点、难点分析清楚
	能够将教学内容与学科研究新进展、实践发展新经验、社会需求新变化相联系
学情分析②	学生认知特点和起点水平表述恰当，学习习惯和能力分析合理
课程思政	将思想政治教育与专业教育有机融合，引用典型教学案例举例说明，具有示范作用和推广价值

---

① 其实教创赛关于教学设计创新汇报的评价要点即 3 级大前提本质上是对 2 级大前提的另一种表述,可以把它理解成是教创赛对 2 级大前提中特殊关注点的强化,即教创赛着重关注的 2 级大前提中的点被整合和表述成 3 级大前提了。如果理解了 2 级大前提,就能理解教创赛的评价要点,严格意义上它与 2 级大前提是重合的,但为了完整呈现教创赛的要求,我们需要将 3 级大前提放在这里。

② 本书着重分析的是教学设计创新汇报的原理,不包含学情分析,请参赛教师自行构思和展示这项内容。

评 价 维 度	评 价 要 点
过程与方法	教学活动丰富多样，能体现各等级水平的知识、技能和情感价值目标
	能创造性地使用教材，内容充实精要，适合学生水平；结构合理，过渡自然，便于操作；理论联系实际，启发学生思考及问题解决
	能根据课程特点，用创新的教学策略、方法、技术解决课堂中存在的各种问题和困难；教学重点突出，难点把握准确
	合理选择与应用信息技术，创设教学环境，关注师生、生生互动，强调自主、合作、探究的学习
考评与反馈	采用多元评价方法，合理评价学生知识、能力与思维的发展
	过程性评价与终结性评价相结合，有适合学科、学生特点的评价规则与标准
文档规范①	文字、符号、单位和公式符合标准规范；语言简洁、明了，字体、图表运用适当；文档结构完整，布局合理，格式美观
设计创新②	教学方案的整体设计富有创新性，能体现高校教学理念和要求；教学方法选择适当，教学过程设计有突出的特色

从表 3-7 我们可以看出，教学设计创新报告的评价标准分为两列，第一列是评价维度，第二列是评价要点。第一列评价维度中，文档规范是形式评价，设计创新是对教学设计的五项内容的整体评价。这两项内容不是教学设计内在包含的内容，而是教学设计内容在形式和整体上的评价，在分析教学设计创新报告的组成时我们不需要考虑它们。在这种分析基础上，我们会发现第一列评价维度主要就是教学设计的五项内容，即表 3-6第一列中的 1 级大前提。表 3-7 第二列中的评价要点是对评价维度的具体展开，可以对应表 3-6 第二列中的 3 级大前提，主要指小前提需要吻合大前提的具体采分点。值得注意的是，为了让表 3-7 第二列中的评价要点看起来条理更清晰，我们在将其整合进表 3-6 的时候进行了条目化的梳理和

---

① 本书也不包含文档规范，这属于形式要求，不属于教学设计原理方面的内容，请参赛教师自行控制。

② 本书着重分析的是教学设计创新汇报的原理，不包含这一项整体性要求，只要教师将教学设计各要素控制好，就会满足这项内容的要求。

整合，也方便教师在观察自己的教学设计创新汇报时进行点对点的比对。

综上，结合表3-6，我们一方面将教学设计创新汇报的组成部分与教创赛规定的评分点结合起来；另一方面将大前提分解成三个部分（1级大前提、2级大前提和3级大前提）。小前提必须符合大前提（包括1级大前提、2级大前提和3级大前提），然后构成教学设计创新汇报（第一、二、三列的内容），教学设计创新汇报（第一、二、三列的内容）必须支持教学创新成果报告（第四列）的结论。这样，我们就将教学设计创新汇报的理论部分分析完毕。

（二）教学设计创新汇报的制作要求和常见错误

1. 教学设计创新汇报的制作要求

结合表3-6，我们能够看出教学设计创新汇报的制作步骤和要求。

（1）教学设计创新汇报的总体要求是必须按照教学设计的原理展开，需要同时满足大前提和小前提的要求，并在大小前提一一对应的基础上再次证明教学创新成果报告中的"结论"（成果）。

（2）教学设计创新汇报必须符合1级大前提的逻辑，1级大前提通常对应汇报PPT中的目录。

（3）教学设计创新汇报必须符合2级大前提的要求，2级大前提通常是1级大前提的展开，也是一流课程建设对教学设计各个模块的具体要求，它表现为汇报PPT中每个部分正文的理论依据。

（4）教学设计创新汇报必须符合3级大前提的要求，3级大前提是教创赛关注的2级大前提的具体采分点，也需要在汇报PPT中每个部分的正文表现出来。

（5）教学设计创新汇报的小前提（教师手中的课程实践）必须同时扣住所有大前提（包括1级大前提、2级大前提和3级大前提）。

（6）大小前提一一对应（教学设计创新汇报）要为目标服务，即证明教学创新成果报告中的"成果"具有创新性。这一点也是我们在上文指出的教学设计创新汇报与普通说课的区别（详情见图3-1）。

2. 教学设计创新汇报的常见错误

1）将教学设计创新汇报与教学创新成果报告混淆

按照教创赛的要求，在国赛的最后环节，现场汇报的是教学设计创新汇报，因此各学校、各省在举行校赛和省赛的时候也要求教师进行教学设计创新汇报。图3-6① 和图3-7就是在校赛过程中选手进行教学设计创新汇报时的PPT截图，从目录中我们能发现，选手并没有按照教学设计的原理进行汇报，他们普遍将存在于教学创新成果报告中的痛点与成效杂糅进了教学设计创新汇报。真正的教学设计创新汇报目录中一定要体现教学理念和目标、教学内容、过程与方法、教学评价以及课程思政。这样的目录一方面符合教学设计原理；另一方面符合大赛对于教学设计创新汇报的评分要求。

目 录
CONTENTS

01 课程简介
02 问题与理念
03 课程创新
04 创新实践成效

图3-6　汇报和报告混淆示例（一）

实践中，也有教师将痛点和成效放在教学设计创新汇报的目录中展示，并且在汇报的时候也有所提及。我们对这种做法表示理解，虽然大赛没有要求在教学设计创新汇报中展示痛点和成效，但是教学设计创新汇报

---

①　本书中作为例子使用的PPT都只为了说明相应部分的思路和存在的问题，这些PPT本身的制作模板、构图并不具有参考意义。教创赛的PPT需要精心制作，有的甚至请专业人士帮忙指导，在本书最后，笔者也会专门阐述PPT制作的形式问题。总之，请不要误会本处的PPT例子的作用，它仅是为了说明制作思路及其存在的问题，并不意图使这些PPT成为教师参赛的模板。

图 3 - 7　汇报和报告混淆示例（二）

本身需要印证教学创新成果报告，支持其成果及创新性。又由于大赛的机制是在线上完成教学创新成果报告和课堂教学实录评审，教学设计创新汇报是线下单独汇报，割裂了教学创新成果报告和教学设计创新汇报之间的天然联系，所以选手在作教学设计创新汇报时稍微提及痛点和成效是可以理解的①。但是，这种提及一定不能干扰"主旋律"，即教学设计创新汇报本质上的核心内容——教学理念和目标、教学内容、过程和方法、教学评价以及课程思政（见图 3 -8）。图 3 -8 虽然逻辑主线稍微错乱，但总体还是能看出是围绕目标、内容、教学、评价等展开的。

图 3 -8　稍微正规的思路示例

①　目前大赛已经形成的常规操作是每位选手都会在线下汇报的时候展示自己的课程建设及其成果，如果不展示反而会吃亏。所以，即便主题是教学设计创新汇报，我们也得把成果汇报和课程建设的积累和成果放进去。

2）不按照 1 级大前提组织教学设计创新汇报的思路

这类错误的表现是教师虽没有将教学设计创新汇报与教学创新成果报告混淆，但实际上并不理解二者之间的关系，不明白教学设计创新汇报所依据的是教学设计原理。所以在展现教学设计创新汇报的时候就只按照自己的理解设计思路，致使整个汇报的逻辑跑偏。一句话，就不是在聊"教学设计"。我们结合图 3-9 看一下，该位教师在教学设计创新汇报中出现了这样一页 PPT，正确的做法应该是反映 1 级大前提的，但是教师显然没有围绕教学设计创新汇报应当围绕的教学设计要素——教学目标、教学内容、过程与方法、教学评价等展开。该位教师在具体内容上安排了四个段落，分别是：①重点打造"三个方向"；②探索"互联网＋"新型基层教学模式；③整合思政元素，出版马工程教材；④创立系列实践教学基地和培训示范基地。图 3-9 的逻辑思路不在教学设计这根主线上，所以是完全跑偏的。

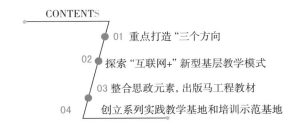

图 3-9　不按 1 级大前提组织教学设计创新汇报的错误示例

3）1 级大前提正确，没有 2 级大前提和 3 级大前提

这类错误的表现是教师表面上按照教学设计的 1 级大前提逻辑顺序安排自己的汇报主思路，但是内部的 2 级大前提、3 级大前提没有吻合。所以内部逻辑是乱的，不具有说服力。我们结合图 3-10 来看一下，教师明确意识到自己应当围绕教学设计中的"目标"来进行汇报，所以图 3-10 的题目被描述成"教学目标"（1 级大前提）是准确的。但是接下来的正文模块就跑偏了，没有交代 2 级大前提、3 级大前提，只是用了一段描述

性的文字——面向医疗健康产业发展需求，以……毕业要求，这段文字在这里没有发挥作用。然后就是三个模块，分别介绍知识目标、能力目标和素质目标。我们能看出，虽然该位教师是在介绍教学目标，但是教学目标下面的内容并没有按照 2 级大前提教学目标关注的四个层面来展开叙述——①思想性目标（课程思政）；②理念性目标（以学生为中心）；③层次性目标（知识、能力、情感）；④支撑性目标（专业培养目标和毕业要求）。也没有扣住 3 级大前提（采分点）——①课程设计体现"以学生为中心"的理念（要理解该理念）；②教学目标符合学科特点和学生实际（要了解学科和学生）；③在各自学科领域推进"四新"建设，带动教学模式创新（要了解"四新"对本学科教学的要求）；④体现对知识、能力与思维等方面的要求（要理解知识、能力与思维）；⑤教学目标清楚、具体，易于理解，便于实施，行为动词使用正确，阐述规范（要理解教学目标怎么撰写和表达）。

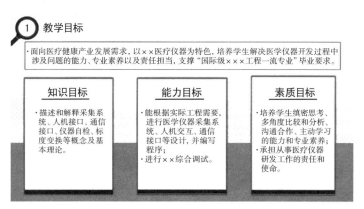

图 3 – 10　1 级大前提正确，没有 2 级大前提和 3 级大前提的错误示例（一）

　　我们再来看图 3 – 11 和图 3 – 12，这两页 PPT 都是在 1 级大前提之下直接呈现了小前提，没有提及 2 级大前提、3 级大前提。这就导致在课程思政和教学内容改革上，该位教师是按照自己的理解描述的，而不是按照一流课程建设的相关标准。如图 3 – 11 所示，该位教师理解的课程思政就是举办党史专题展览，没有考虑到 2 级大前提——当今课程思政最大的两个问题是思政元素挖掘的准确性与思政元素融入知识教学的科学性；也没有考虑到 3 级大前提（采分点）——将思想政治教育与专业教育有机结合①，引用典型教学案例，具有可推广性。从图 3 – 11 可以明确看出，由于对课程思政这个环节没有 2 级大前提和 3 级大前提的约束，该位教师自己对课程思政进行了主观界定，设计出并不符合当今课程思政建设要求的"教学创新"。可见 2 级大前提和 3 级大前提一定要出现在我们的教学设计创新汇报中，用以对 1 级大前提进行进一步的符合教育学原理的解释，同时也能规范参赛教师小前提的内容和呈现方式。

图 3 –11　1 级大前提正确，没有 2 级大前提和 3 级大前提的错误示例（二）

图 3 – 12 的情况也类似，这部分涉及教学内容的创新。该位教师虽然能将 1 级大前提明确指出，该页 PPT 是围绕教学内容展开的，但是教学内容之下缺乏 2 级大前提和 3 级大前提，即在课程建设的大背景下②教学内容应该包含哪些要素？符合哪些要求？科学内涵有哪些？这些内容在

---

① 　该课程名称为大学生职业生涯规划,按照《高等教育课程思政建设指导纲要》,党史教育并不属于该门课程的思政元素挖掘范围,这更像是思政课的授课范围。
② 　教创赛其实也是在一流课程建设的大背景之下推出来的。

表 3 – 6 的内容分析部分已经明确指出，1 级大前提是内容分析（即教学内容）。2 级大前提是内容分析包含的六个方面：①思想性；②时代性；③前沿性；④逻辑性；⑤通识性；⑥实践性。这些要求不见得都要同时满足，包含其中几项即可。3 级大前提是教创赛对教学内容的要求，即采分点，也是对 2 级大前提的进一步强化，包括：①教学内容前后知识点关系、地位、作用描述准确，重点、难点分析清楚（要求深度掌握学科知识体系，即教科书）；②能够将教学内容与学科研究新进展、实践发展新经验、社会需求新变化相联系（要求了解学科前沿、学科实践）。而在图 3 – 12 中，该位教师仅指出自己的课程内容既体现了职业生涯教育课程的特点，又兼具学校学科特色（看不出想要证明课程符合大赛关于教学内容的哪条要求），没有再呈现任何一流课程建设对于课程内容（2 级大前提）和大赛对于课程内容（3 级大前提）的要求。

教学创新: 内容重构特色化
Teaching innovation

既体现职业生涯教育课程的特点，又兼具学校学科特色

阶梯	学生需求	课程内容设计	创新修订
一阶	适应大学 生涯唤醒 明晰目标	解读大学 意识激发 确立目标	解读学院、专业 优秀校友榜样介绍 初步确立专业目标
二阶	了解自我 明确自身优势不足 厘清自身职业价值观	兴趣、能力、价值观 内在探索	院校、专业人才培养目标 培养专业兴趣 个人志趣与专业结合
三阶	了解专业 明确岗位胜任需求	专业与职业发展 参观实践	解读专业与行业发展 校友发展介绍 走进行业亲身感受
四阶	作出决策 学业目标 职业目标	决策、行动、选择准备 科学的方法、目标确立 技能指导	学院就业相关数据 学长求职故事 结合专业的决策指导
五阶	付诸行动	幸福感和成就感 个人成长	个人发展与行业结合需求 成长与舞台

图 3 – 12 1 级大前提正确，没有 2 级大前提和 3 级大前提的错误示例（三）

4）小前提出现错误

教学设计创新汇报需要大小前提一一对应才行，有的教师没有在汇报中呈现小前提，还有些是小前提仅用语言描述而没有出示"证据"。我们

先来看第一种情况，如图 3 – 13 所示，小前提没出现，致使 PPT 在该页的汇报中只有大前提。注意，在该例子中，大前提也是不完整的，我们稍后再分析。在图 3 – 13 中，该位教师明确要围绕教学过程方面的改革与创新展开汇报，教学过程属于教学设计的内容，符合 1 级大前提的要求；而且该位教师强调了线上线下混合式教学模式、教学方法的一些内容，扣住了 2 级大前提的部分内容（注意，并不是全部内容）；并且也符合了采分点 3 级大前提的一些要求（注意，并不是全部要求）。但是，该位教师没有提供小前提，整页 PPT 描述的都是大前提。教师本人并没有提供自己课程（还是上文的线性代数）做了线上线下混合式教学的证据，也没有证明自己采用了自主学习、深度学习、合作学习等教学方法。这就是只有大前提，没有小前提，或者说这页 PPT 放在任何课程中都是适用的，看不出是专门为某门具体的专业课设计的。换一个角度看，这页 PPT 可以放在任何一个课程里面。总之，没有具体学科的"小前提"，这页 PPT 及其汇报就会显得空洞和夸夸其谈，不落地。

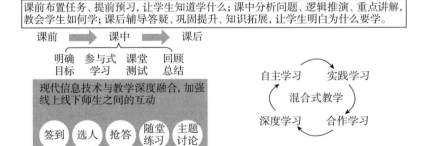

图 3 – 13 小前提出现错误示例

第二种情况是虽然有小前提，但只是用语言描述，并没有提供实物证据。如上文图 3 – 10，该位教师只是用语言描述了知识目标、能力目标和素质目标。这些只是语言，不是证据，没有太强的证明力。最好的方式是提供小前提（教学目标）的证据，如课程大纲、培养方案、课堂实录等。我切记，仅用语言表述出来的小前提是不能令人信服的，还需要提供一些具体的实物证据。

5）没有为"创新成果"提供支撑

教学设计创新汇报的核心是要做到大前提（共三级）和小前提（课程实践）一一对应，但这还不是最终目的。大小前提一一对应是为了证明教学创新成果报告中的结论——成果是有创新性的，这就是我们上文所提及的教创赛要求的教学设计创新汇报与普通的说课之间的差别，教创赛还要求教学设计创新汇报能够证明"创新"。如果还以上文线性代数课程为例的话，教学设计创新汇报必须在每一个部分的介绍中都扣住主题——"厚基础、促高阶、夯育人、强支撑"。实践中，绝大多数教师达不到这个标准。他们在对大前提的理解、对小前提的提炼和整合上还存在不少问题，能做到大小前提一一对应就已经很不错了。如果还要求大小前提对应之后为成果的创新提供服务和支撑，这对教师来说就更具挑战性了。不可否认，有些教师是有这种意识的——（证明成果的创新性），但是走着走着就忘记为什么要出发了，在实践中总是不能将这种意识一以贯之，即在组织教学设计创新汇报思路的过程中或者在制作教学设计创新汇报 PPT 时没有将这个目标落实到每一句话、每一页 PPT 上，致使整个教学设计创新汇报的主题很松散，看似汇报了教学设计的每个模块，也看到了大小前提的一一对应，但就是没有看到它们共同为证明成果的创新性服务。时刻证明成果及其创新性是教创赛底层的逻辑要求，要尽量实现这一目标。

3. 教学设计创新汇报的范例

1）教学设计创新汇报的容量

本书在本部分将继续以线性代数课程为例，介绍一下教学设计创新汇报是如何撰写和表达的。在具体展开介绍之前，有以下几个注意事项需要注意。

（1）教学设计创新汇报在教创赛的材料中要求汇报 15 分钟，但在实践中，校赛和各种场合会对汇报的时间进行调整，如 5 分钟、8 分钟或 10 分钟。无论时间多长都不重要，教学设计创新汇报必须包含上文所提及的大前提（1 级、2 级、3 级）和小前提，并且大小前提必须为成果及其创新性服务。所以，无论是 5 分钟、8 分钟，还是正式比赛的 15 分钟版本，都必须包含上文提及的要素，其逻辑结构和展开思路是基本相同的。区别在于在不同的时间版本之下，汇报能容纳的内容（字数）是不同的，丰盈程度不同。

（2）教师要明白每分钟能汇报的字数（容纳的内容）是多少。通常而言，比赛这种环境，每分钟不宜超过 200 字，5 分钟版本就要控制在 1000 字（甚至 900 字）以内，8 分钟版本要控制在 1500 字左右。以此类推，国赛中 15 分钟的汇报就要控制在 3000 字以内。参赛教师每分钟讲 200 字是一个最高的上限，最理想的字数是每分钟 180 字左右。要尽量吐字清楚、节奏适中，评委在听的过程中会更容易跟上汇报者的思路。

（3）本书出于字数限制以及所使用的线性代数并非笔者自己的课程考虑，并不打算制作一个 15 分钟的汇报版本，那样需要更多的课程实践（小前提）支撑。我们尝试做一个相对简单的版本，在这个缩减的版本中，一份教学设计创新汇报应当包含的内容模块不会缺少，只是在具体的细节、丰满度上会与完整版本有所差别。事实上，当教师自己在制作教学设计创新汇报的时候也不可能一次就制作出符合 15 分钟要求的版本，都需要先在既定的思路基础上做出来一个最初的版本，这个最初的版本内容可能会多、会少、会跑题、会不准确，需要不断修改、打磨、润色，最终才能呈现符合要求的完整版。本书就不展示后期的修改、打磨、润色过程了，我们的目的是呈现一个教学设计创新汇报的制作过程。

2）教学设计创新汇报的制作步骤

第一步：封面。

封面比较简单，我们通常会放入三项内容：成果名称 + 课程名称 + 教学设计创新汇报。其一，放入成果名称并不是因为它是教学设计创新汇报的必要内容，而是因为教学设计创新汇报的目标是要证明成果的存在，而且由于教创赛的赛制，教学创新成果报告是通过网络评审的，与线下进行的教学设计创新汇报是分别开展的。为了能让线下进行的教学设计创新汇报与之前的教学创新成果报告连接起来，将成果名称写入教学设计创新汇报的封面是一个比较稳妥的选择。其二，课程名称是必备的，我们需要向评委展示我们所建设的课程，这是教创赛依托的物质载体。其三，教学设计创新汇报能够表明我们提交的材料性质，这一点也不用多解释。参赛教师的教学设计创新汇报封面大致可以通过图 3 – 14 的样式呈现。封面是比较简单的，也没有什么技术含量，就简单介绍到这里①。实践中经常遇到的问题是，参赛教师将成果名放在中心的位置，将教学设计创新汇报放在不起眼的位置，且字体偏小，这样做的问题在于喧宾夺主，毕竟 PPT 汇报的主角是教学设计创新汇报，要把这几个字放在"C 位"。

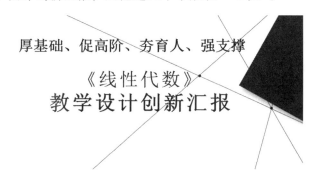

图 3 – 14　封面页

---

① 请读者关注 PPT 的内容，不要关注模板以及是否美观等问题，本书并不想在 PPT 制作的技术层面上提供参考和指引。

第二步：目录。

如前文所述，由于教创赛一共才举办完毕三届，在本书撰写的过程中，第四届的省赛还没有举办完毕，因此教创赛积累的经验和做法十分有限，对大赛的一些规则和要求还没有形成统一的认识，这一点我们通过在网上检索到的供教师学习和观摩的获奖大赛案例也能看出来。对本部分涉及的教学设计创新汇报的意见并不统一，即教学设计创新汇报的目录到底应该包含哪些内容，不只实践中做法不一致，大赛的评委也没有统一的认识，这就导致教学设计创新汇报的内容五花八门。这里需要重申的是，本书所描述的"五花八门"是指对于在教学设计五个内容模块之外应该包含什么，大家理解不一致。但教学设计创新汇报应该包含教学目标、教学内容、课程思政、过程和方法及教学评价这一点是肯定的，无论是从教学设计理论，还是从大赛的评分标准都能确定这一点。关键就在于汇报教学设计本身的五项内容之外，还需要包含哪些内容，教师们的做法就不一致了。常见的做法是先将课程的概况介绍一下，这可以让评委了解你的课程。这一点笔者也认为是可行的，毕竟课程是根本，课程信息是有必要披露的。但是每位参赛教师做法不同，有的教师侧重介绍课程建设的历程，这个做法有点仿照一流课程申报书中的课程建设经历；有的参赛教师则侧重介绍课程定位和目标。

除了课程概况之外，还有很多教师对教学创新成果报告中的痛点、举措和成果的成效与推广都进行了介绍。排除将教学创新成果报告与教学设计创新汇报混淆的这种情况，笔者对于将二者夹杂在一起的情况也比较理解。如前文所述，一方面，教学设计创新汇报是教学创新成果报告的成果在一门课上的应用，而且教学设计创新汇报的结果也是为了证明教学创新成果报告中的成果是创新的这一事实；另一方面，教创赛的评审方式是在线上审核提交的教学创新成果报告，而教学设计创新汇报则是通过线下现场展示，这就使两者之间的联系被割裂。因此有些参赛教师将教学创新成果报告的痛点、举措和成果夹杂进教学设计创新汇报也是可以理解的。但是这样做要始终遵循一条原则——不能削弱教学设计（五个模块，如教学目标、教学内容等）的主体地位。

目录中最显著的位置一定要留给教学设计的五个模块，很多教师将教学设计的五个模块与教学创新成果报告中的"举措"等同，认为举措就是教学设计，毕竟它们使用的词汇也都差不多，都是教学内容、教学目标、教学过程等。这个问题比较复杂，在有些情况下是成立的，但在有些情况下是不成立的。我们尽量将这两种情况分清楚。

其一，在某些情况下是成立的。这是指教学设计创新汇报中的五个汇报模块——教学目标、教学内容、课程思政、过程与方法、教学评价与教学创新成果报告中的举措是一样的。这对有些教师，尤其是年轻教师而言是成立的，因为他们的课程建设积累不是特别丰富，课程建设本身"铺"得不是特别大。

课程建设的范围可大可小，建设的时间可长可短，而且课程建设本身就是一个历久弥新的话题。一门课程可以一直持续建设，如原来是单纯的线下课程，建设一段时间后变成了线上线下混合；原来是没有课程资源的，仅围绕课程内容、目标等要素进行建设，建设过程中又增加了比较复杂的资源库建设。所以，课程建设是一个很大的概念，既包含建设了几十年的课程、有丰富积累的课程、建设跨度比较大的课程；又包括刚开始建设的课程、积累不那么丰富的课程、小范围建设的课程。以上各种类型的课程建设在教创赛的背景下，都是存在的，也即教创赛既涵盖那些大而全的课程建设（如国家级一流课程建设①），也涵盖那些小而精的课程建设。

---

① 这里指出一点，教创赛是在一流课程建设背景下推出的，但并不与一流课程建设紧密捆绑。事实上，近十几年来，相关部门一直在不断推进各种课程建设，如智慧课程、精品课程、一流课程等，其本质都是课程建设，涉及原理都是课程建设原理。所以，即便有一天，一流课程建设周期结束，开启新的课程建设轮次，而大赛还是可以依托新的课程建设推进。

二者的区别就在于大而全的课程建设涉及的范围大、建设的顶层设计层面高，既包含具体的教学目标、教学内容这些微观层面的内容，也包含资源建设、模式构建这些较为顶层和宏观的内容。小而精的课程建设可能就不会有这么大的架构，但是在教学内容、教学目标等项目上也会抠得很细，也有教学创新。那么结论就出来了，那些年轻教师建设的、建设周期不是很长、建设面没有"铺"得很大的课程在举措（教学创新成果报告）方面多半是围绕教学设计的内容模块（教学目标、教学内容等）展开，这就导致举措和本部分涉及的教学设计创新汇报的内容几乎是重叠的。即便如此，也要看到教学创新成果报告中的痛点和举措是 3～5 条，有数量限制，不太可能与教学设计全部重合。

其二，在某些情况下是不成立的。意思是说在那些建设周期很长、建设积累丰厚、建设团队庞大以及建设面"铺"得很大的课程中，举措（教学创新成果报告）的层面就会很高，不会像上文提及的小而精的课程那样仅围绕教学设计的内容模块（教学目标、教学内容等）展开，而是会在这些教学设计的上位概念，如教学模式、育人模式、资源建设、课程内容体系等层面展开。在这种情况下，教学创新成果报告中的举措所在层面就与教学设计创新汇报中的五个模块（教学目标、教学内容、过程和方法等）不一样了。举措中具体措施的层面要比教学设计中的具体模块要高，如教学设计中的"过程和方法"对应的可能就是教学创新成果报告中的"教学模式"；教学设计中的"课程思政"对应的可能是教学创新成果报告中的"育人模式"；而教学设计中没有内容能对应教学创新成果报告中的团队建设和资源建设，如果参赛教师想要体现这些内容，还得将其融入教学设计的既有模块中。因此，教学创新成果报告中的"举措"和教学设计创新汇报中的教学设计，可能是在同一层面展开的，也可能不是在同一层面展开的。但是不管怎样，教学设计创新汇报是教学创新成果报告在一门课上的应用和体现。

在上文介绍的基础上，本书制作了图 3 – 15 这页教学设计创新汇报PPT 的目录页供教师读者们参考。还是提醒教师读者们注意，将注意力放在教学设计创新上，并明确教学设计的五项内容是教学设计创新汇报的主体，不要让其他内容冲击了它的地位。

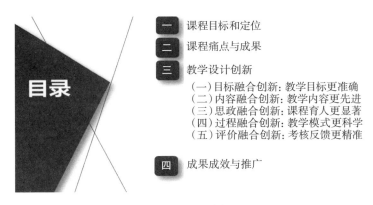

图 3 – 15　目录页

从图 3 – 15 这页 PPT 可以看出，教学设计是围绕 1 级大前提（也是评价标准中的评价维度）展开的，包含教学目标、教学内容、课程思政、教学模式和教学评价，这是符合教学设计理论的。也印证了我们上文所指出的，1 级大前提是构成目录的底层逻辑（也是评分标准中的评价维度）。

最后，本书在目录的第四部分又列了成果的成效与推广。与目录的前两个部分一样，大赛对此没有明确的要求，参赛教师的做法各异：一些教师写上了教学效果与反思；还有一些教师写上了成效和推广。总之，在目录中除了第三部分是确定的，其余部分的做法都没有形成共识，比较混乱。本书采用了成果的成效和推广，原因还是如上文所指出的那样，教学设计创新汇报是教学创新成果报告在一门课上的应用和体现。它的目的也是证明成果是有创新性的，将这部分列入会强化两份材料（教学创新成果报告和教学设计创新汇报）的关系，更能反映大赛的主旨。这样，我们就将封面和目录的设计思路分享完毕，接下来我们直接进入目录第三项——教学设计创新部分，逐条分析教学设计创新汇报的必备内容是怎么一步一步展开的。至于第一、二、四项内容会因不同的课程而发生变化且没有固定模式，本书就不再着重描述，留给教师自己构思。不过在本部分教学设计创新汇报的制作流程介绍完毕后，我们会呈现一份教学设计创新汇报完整范例的文字稿，届时会将所有内容补充完整供教师读者们参考。

第三步：目录第一项——教学目标。

在教学设计创新汇报关于教学目标的 PPT 页上，我们需要呈现的内容有 1 级大前提中的"教学目标"，2 级大前提中的对教学目标的细致展开（包括：①思想性目标；②理念性目标；③层次性目标；④支撑性目标）以及 3 级大前提，即教创赛的采分点（包括：①以学生发展为中心；②符合学科特点和学生实际；③"四新"建设的相关要素；④知识和能力等方面的要素；⑤教学目标表达清晰且正确）。除了大前提之外，还需要呈现小前提。小前提要以符合上述 1 级、2 级、3 级大前提要求的方式整合和呈现出来。我们用一个简单的例子呈现，如图 3 - 16 所示，这个例子比较简单，但其要素是全面的，只是给读者们提供一个参考。至于参赛，可能需要结合本书提供的例子和自己手中的课程深入加工，做出内容丰富、层次清晰和符合要求的 PPT。

在图 3 - 16 中，我们能清晰地看到该页 PPT 的进度推进到了教学设计创新中的教学目标模块。关于教学目标，作者也没有简单地就写成"教学目标"四个字，而是用带有观点的句子——"目标融合创新：教学目标更准确"，强调了自己在教学目标要达到的总体目的。这种写法相较于只写"教学目标"是值得提倡的，它表明教师没有放过任何表明自己观点的机会，向评委传递更多的信息。这样，该页 PPT 将 1 级大前提较为妥帖和适当地表达了出来。

教学设计创新

 目标融合创新：教学目标更准确

思想性目标——正确观念的培养；
理念性目标——以学生为中心，学习成果导向；
层次性目标——知识、能力、情感；
支撑性目标——课程目标对专业培养目标和毕业要求的支撑度。

章	节	培养目标	思政元素
第九章： 法学论文 写作方法论	论文写作的横纵两条思路 搜集文献 整理文献 选项 提纲写作 初稿撰写 标题 摘要 关键字 引言 正文 参考文献 修改及定稿	知识目标：宏观上掌握论文写作的图谱——横纵两条思路；流程上掌握论文写作的基本14个步骤和环节；微观上能够对标题、摘要、键字、引言、正文进行准确的分析和界定。 能力目标：能够制作一份科学合理的写作计划，能够准确摘写标题，摘要，关键字，引言，正文并能进行反复修改。 情感目标：认识到论文写作是心血的集合从而更加端正对写作的态度；认识到细节决定成败；认识到论文写作的各个部分都有标准控制不能随心所欲；认识到文章不厌百回修	思维意识：论文写作流程是学生发现不仅需要知识，还需要思维，这套思维正是发现问题：分析问题和解决问题的思维能力。 规范意识：在论文写作的任何一个环节都有国家规范、学科规范以及学术规范，不能任意妄为，自由不逾矩。 尊重知识产权：不能抄袭，尊重知识产权。 匠人精神：论文的形成需要耗费大量心血和专注力，要明白这项工作对人的要求和挑战

专业培养目标——高层次法律精英——深厚理论素养+笃实践行能力+扎实务物技能。

图 3 - 16　教学目标页

在图 3 - 16 中，我们能清晰地看到该页 PPT 对 2 级大前提进行了列举，表明教师对教学目标（尤其是一流课程建设背景下）的进一步深入理解。这一步很重要，一方面，教学目标本身是一个具有丰富内涵的教育学理论，参赛教师必须了解构建教学目标的要素、要求和规范；另一方面，教学目标是一个随着时代不断发展变化的教育学理论，从"双基目标"到"三维目标"，再到一流课程建设的"融合目标"，都标志着教学目标理论的不断发展，参赛教师需要将教学目标的时代内涵诠释出来并体现在汇报之中的。我们在上文也指出了教学设计创新汇报存在的一类普遍错误——缺乏 2 级大前提。出现这样的错误，一方面表明参赛教师对教学目标理论丰富的内涵没有掌握（或者说没有掌握一流课程建设对课程目标的要求）；另一方面表明由于缺乏关于教学目标的 2 级大前提，参赛教师提供的小前提没有可以依照的标准，无法判断其提供的小前提是否符合当前时代关于教学目标的主流要求和观点。参赛教师应当尽量满足教学目标的 2 级大前提中的四个要求，以彰显自己对于教学目标深刻内涵的理解和在教学实践中对教学目标进行的综合性改革，这样可以增强理论性和创新性。

在图 3-16 中，我们还能清晰地看到该页 PPT 试图呈现 3 级大前提，即教创赛对于教学目标的采分点，2 级大前提中的教学目标得能体现教创赛的评分要求。总体而言，教创赛关注的评分要点（即教学目标的 3 级大前提）主要包括五项：①以学生发展为中心；②符合学科和学生要求；③"四新"建设的相关要素；④知识和能力等方面的要素；⑤教学目标表达要清晰且正确。其中：以学生发展为中心属于理念性目标，这个可以很容易地与 2 级大前提对应和表现出来；符合学科要求主要体现在支撑性目标上，即教学目标要能对专业人才培养目标起到支撑作用；符合学生的要求和知识和能力要素可以体现在层次性目标上；教创赛（教学目标的 3 级大前提）在课程思政方面没有对教学目标提出单独要求，但是考虑到课程思政是一个主旋律而且会持续下去，单独提出来也没有问题。如果有的教师不打算在本部分强化思想性目标也没有问题，因为层次性目标中的情感、态度、价值观目标就是思政目标。教创赛（教学目标的 3 级大前提）还对正确书写教学目标提出了要求，这主要表现在教学目标表达要清晰且正确上。这一要求是非常正确且必要的，实践中很多教师不会撰写教学目标，教学目标的撰写可以参考第二章关于教学目标撰写的要求，简单一句话就是要以学生为主语。

最后，图 3-16 还将一大部分空间留给小前提，即教师的课程实践。小前提的部分可能会随着每个参赛教师所讲授的课程、平时做的实践不同而呈现不同的内容（图 3-16 中的小前提仅是参考，请参赛教师不要受影响）。总体而言，小前提要体现出变化，即改革之前和改革之后的变化，意即改革之后符合 1 级、2 级、3 级大前提。只有强调变化，才能让大家看出做了课程建设和课程改革，才能体现出建设成果。

以上我们就将教学目标这部分的大前提和小前提介绍完毕了，还剩最后一个步骤，教学目标中的大小前提一一对应并要支撑教学创新成果报告中的"成果"。所以，参赛教师还要最后审视一下自己，该页 PPT 的所有内容是否为主题服务了？如果是上文提及的线性代数这门课程，教学目标这页 PPT 必须为——"厚基础、促高阶、夯育人、强支撑"作出了应有的贡献。

以上就是教学目标页的 PPT 制作思路，需要注意的是，参赛教师应当尽量完整地呈现 2 级、3 级大前提的内容。如果个别项目实在没有也得实事求是，没有必要非得贪大求全。此外，对于上文介绍的教学目标页 PPT 上的内容，请教师务必准确、凝练地表达的同时，保证丰富和清晰。实践中，该页 PPT 是需要教师线下汇报出来的。所以，PPT 上呈现的内容只是一个大概的思路，具体 1 级大前提和 2 级大前提之间的联系以及 2 级大前提和 3 级大前提之间的关系；大前提和小前提之间的关联以及它们对主题（成果）的支撑可能都需要教师自己口头汇报出来，光凭一张静态的 PPT 恐怕没有办法做到完整、准确、结构清晰和动态地呈现。

第四步：目录第二项——教学内容。

在教学设计创新汇报的关于教学内容（内容分析）的 PPT 页上，我们需要呈现的内容有 1 级大前提中的"教学内容"；2 级大前提中的对教学内容的细致展开，包括：①思想性；②时代性；③前沿性；④逻辑性；⑤通识性；⑥实践性。还包括 3 级大前提（教创赛的采分点）：①教学内容前后知识点关系、地位、作用描述准确，重点、难点分析清楚（要求深度掌握学科知识体系，即教科书）；②能够将教学内容与学科研究新进展、实践发展新经验、社会需求新变化相联系（要求了解学科前沿、学科实践）。除了大前提之外，还需要呈现小前提，小前提要以符合上述 1 级、2 级、3 级大前提要求的方式被整合和呈现出来。我们用一个简单的例子呈现，如图 3-17 所示，这个例子虽然比较简单，但是要素全面，能够给读者提供参考。至于参赛的话，可能需要结合本书中提供的例子和自己手中的课程进行深入加工，做出内容丰富、层次清晰和符合要求的 PPT。

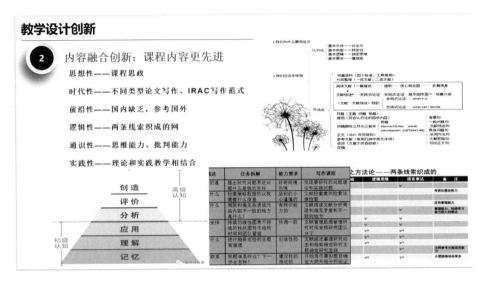

图 3 - 17　教学内容页（示例）

在图 3 - 17 中，我们能清晰地看到该页 PPT 的进度被推进到了教学设计创新中的教学内容部分。关于教学内容，作者没有简单地写成"教学内容"四个字，而是用带有观点的句子——"内容融合创新：课程内容更先进"，强调了自己在教学内容这里要达到的总体目的。这种写法相较于只写"教学内容"是值得提倡的，它表明教师没有放过任何表明自己观点的机会，向评委传递更多的信息。这样，该页 PPT 就将 1 级大前提较为妥帖和适当地表达了出来。

在图 3 - 17 中，我们也能清晰地看到该页有关教学内容的 PPT 对 2 级大前提进行了列举，表明教师对一流课程建设下的教学内容有着进一步的深刻理解。与上文提及的教学目标中的 2 级大前提一样，教学内容也不是一个简单的概念，它是一个具有复杂且丰富内涵的教育学理论，也经历过复杂的发展过程。在当今的时代背景下，我们对于教学内容的要求有了新的变化，不再简单局限于知识教学，还要体现时代要求。一流课程建设对于教学内容的要求主要体现在上文提及的思想性、时代性、前沿性、逻辑性、通识性、实践性。思想性是指育人的相关内容要融进教学内容，时代性和前沿性是指教学内容不能过于陈旧、理论化，要跟时代接轨，要能反映最新的学科研究动态。逻辑性和通识性是指教学内容要以更适合学生学习的方式被重新整合，要符合学生的认知，不能过于理论化、晦涩难懂。实践性是指教学内容要做到与行业实践结合，不能只传授理论知识。参赛教师（尤其是年轻教师）可能在最初看到这些 2 级大前提的时候存在理解上的困难，实际上这些要求就是对我们日常教学中只单纯传递教科书上的知识的一种改变。教科书上的知识是以知识的性质为线索形成的"知识体系"（上文提及的衣橱），它的优点在于完整而体系化，缺点在于无法满足实践中知识是以"问题"为核心整合成的"知识图谱"的学习要求，进而在能力的培养上存在欠缺。理解了这一点，就能理解为什么要在现有的知识教学中融入理论和实践的结合、增强时代性和前沿性以及具有通识性和逻辑性。需要提示的是，这些要求并不是必须同时具备的，参赛教师也可以按照自己的理解进行再次整合。没有必要非得按照这六项去呈现，但是底层的逻辑不变，要能体现出教学内容方面的创新。

此外，我们还需要将教学内容方面的 3 级大前提即教创赛的采分点整合到该页 PPT 之中，包括：①教学内容前后知识点关系、地位、作用描述准确，重点、难点分析清楚（要求深度掌握学科知识体系，即教科书）；②能够将教学内容与学科研究新进展、实践发展新经验、社会需求新变化相联系（要求了解学科前沿、学科实践）。教学内容部分的第一个考核点体现在教师是否对自己讲授的这门课程的内在知识体系有清晰的了解，即知识点的关系、地位、作用，重点、难点。这部分考查的是教师的学科底蕴，任何一个教师教学大赛考核的核心点都是教师的学科基础，如果一位参赛教师连自己的学科知识都捋不清楚，接受再多的大赛培训都是没有意义的。学科基础是"道"，表面的讲课技巧是"术"。通过讲课和比赛，我们能判断出一位教师的学科基础如何。不可否认的是，随着教龄的增加，教师会对自己所讲授的课程内容有越来越深入的理解，这也是教创赛为什么在每个赛道都区分正高组、副高组、中级及以下组。同一门课，在通常状态下，讲师和教授对学科的理解程度肯定是不一样的。关于学科知识之间的关系、重难点的考核点（3级大前提）可以体现在2级大前提的逻辑性、通识性和思想性之中。

教学内容部分的第二个考核点体现在教学内容与学科研究新进展、实践发展新经验、社会需求新变化相联系上，这要求教师掌握学科前沿和学科实践并将其融入教学内容。学校讲授的知识（一般以教科书形式呈现）具有一定的稳定性，虽然在不断修订教科书，但是与社会实践相比还有一定的滞后性。因此，教师要结合自己的科研（科研活动一般是反映学科理论前沿的）经历将学科前沿和学科实践融入教学内容。这部分对教师的要求比较高，属于科研反哺教学的范畴，不仅要求教师有较好的科学研究能力和成果，还要求教师深刻洞察本学科所隶属的行业的规律。而这些，尤其是行业实践，其实是大部分大学教师所欠缺的。这也是"四新"建设提出要增强教师的行业实践能力，鼓励教师参与实践部门的工作，增加行业实践经历的原因。否则，如果教师不懂学科前沿、不懂行业中如何使用知识，那么其在课堂上传递给学生的只能是相对滞后的理论知识，既跟不上时代，也不能满足行业需求。学科前沿和行业实践的相关评分标准（3级大前提）可以被整合进时代性、前沿性和实践性等2级大前提。综上，我们就将教学内容部分的1级、2级、3级大前提及相互关系阐述清楚了，接下来是小前提部分。

教师还必须在图3-17中给小前提留出足够的位置，即教师的课程建设和改革在教学内容部分的体现。注意，还是需要提供实物证据，不能光用语言描述。一方面，教师必须展现出自己对所讲授课程在内容（教科书）方面的准确理解和把握，这时候可以呈现自己整理的关于教科书或者教学内容的知识体系或者知识图谱的图片，在介绍重点、难点的时候可以配合视频、知识图谱中的核心知识模块一起展示。另一方面，对于教创赛或者一流课程建设，教师还必须提供证据证明自己在前沿性、时代性和实践性等教学内容方面做出的努力和尝试。通常，参赛教师会在这部分展示自己将国际国内前沿的研究成果放在课堂上讲授的例子，如呈现研究论文、研讨会资料以及最新技术案例等。实践性方面的主要例子就是产教结合，实践基地的设立、实践案例库的建立等。当然，内容方面的前沿性和实践性还有很多其他表现方式，并不局限于上述几个方面，本书只是分享常见的几种表现方式，供读者参考。

小前提必须能扣住所有的大前提，同时要能够保证其丰富性。本书中在图 3 - 17 中提供了一个简单的小前提的例子，实际比赛中，越是到了省赛、国赛的级别，PPT 的内容就越丰富。但是能丰富的部分主要是小前提，而不是上文提及的三级大前提，大前提是固定的①。教创赛考核的主要是教师对大前提的理解和在大前提之下如何改革、丰富自己的小前提。同样，图 3 - 17 中的小前提仅供教师参考，本书只想提示参赛教师在这页PPT 中要有小前提并且保证小前提与大前提（三级）对应，至于每位教师能提供多少小前提及其相关证据还取决于参赛教师本身，小前提部分不要受到本书的影响。

最后需要注意的是，大小前提一一对应的目的是支撑主题，即教学创新成果报告中的结论（成果及其创新性）。这个话题本书在每个部分都要重复和强调，这不仅是因为这个证明主题的环节总是容易在教师专注于构建细节任务时被忽略，还因为这个证明主题的工作确实是需要在每个步骤和环节都做出并强化的。毫不夸张地说，教学设计创新汇报的每一句话都要为主题服务。教师在设计每一张图片、构思每一句表达的时候都要使其发挥两重功效——微观上（大前提、小前提或者二者之间的论证）和宏观上（对主题的证明和支撑），缺少任何一方面都是写作、构思和表达不到

---

① 主要考查教师是否准确理解和把握了大前提的内涵。

位的表现。

第五步：目录第三项——课程思政。

本部分介绍教学设计创新汇报核心内容的第三项——课程思政。需要注意的是，从教学设计原理角度来看，课程思政应当是包含在其各个组成部分之中的，如教学目标（思政目标）、教学内容（思想性）、教学过程（思政元素融入）和教学评价（育人效果）。但是，教创赛为了彰显课程思政的重要性，在评分标准中（详见表 3-7）明确将课程思政单独列出，因此本书在介绍教学设计创新汇报的时候也将课程思政作为一个独立模块进行介绍。但教师读者需要知道，课程思政本身是嵌套在教学设计的每一部分内容之中的。

按照上文叙事的顺序，我们先来看课程思政这页 PPT 上需要具有什么信息，然后再分门别类讨论大前提、小前提以及大小前提一一对应为主题作的支撑。在教学设计创新汇报的课程思政 PPT 页上，我们需要呈现的有 1 级大前提中的"课程思政"；2 级大前提中的对课程思政的细致展开，包括：①思政元素挖掘是否准确；②思政元素融入是否有办法。还包括 3 级大前提，即教创赛的采分点：A. 将思想政治教育与专业教育有机融合；B. 引用典型教学案例举例说明；C. 具有示范作用和推广价值。除了大前提之外，还需要呈现小前提，小前提要以符合上述 1 级、2 级、3 级大前提要求的方式整合和呈现。我们用一个简单的例子呈现，如图 3-18 所示，这个例子比较简单，但要素全面，可以给读者提供参考。至于参赛，需要结合本书中提供的例子和自己手中的课程进行深入加工，做出内容丰富、层次清晰和符合要求的 PPT。

在图 3-18 中，我们能清晰地看到该页 PPT 的进度推进到了教学设计创新中的课程思政部分，即体现了 1 级大前提。关于课程思政，作者没有简单地写成"课程思政"四个字，而是用带有观点的句子——"思政融合创新：课程育人更显著"，强调了自己在课程思政这部分要达到的总体目

教学设计创新

思政融合创新：课程育人更显著
思政元素挖掘：思政元素体系和思政案例库
思政元素融入：思政元素体系和思政案例库
小前提：从目标、融入、评价和资源的全支撑，形成全链条育人机制，夯实基础课程育人功能

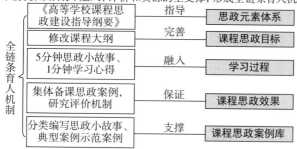

图 3-18　课程思政页

的。这种写法相较于只写"课程思政"是值得提倡的，它表明教师在利用任何机会表明自己的观点，向评委传递更多的信息。这样，该页 PPT 就将 1 级大前提较为妥帖和适当地表达了出来。

在图 3-18 中，我们也能清晰地看到该页有关课程思政的 PPT 对 2 级大前提进行了列举，表明教师对课程思政有着进一步的深刻理解。与上文提及的教学目标、教学内容中的 2 级大前提一样，课程思政也不是一个简单的概念，它甚至是一个更为复杂的理论和机制。课程思政建设在我国已经推行了近 10 年，但在一些问题上还是没有达成共识。课程思政普遍性难题在于表 3-6 提及的思政元素的挖掘和思政元素的融入。思政元素的挖掘不能随意，要按照《高等学校课程思政建设指导纲要》的要求分学科、分课程类型进行挖掘，要保证思政元素与所讲授学科的内容有着本质而天然的联系，而不是硬挖、硬靠。在实践中，一些教师对课程思政的理解不到位，在挖掘思政元素的时候将思政元素简单地理解为思政课的一些内容，如马克思原理、辩证法、唯物论、党史党章等。实际上，教育部相关文件对思政元素挖掘方面的指导相当细致。如图 3-19 所示，理工科就围绕科学思维方法、科学伦理、探索未知、追求真理、科技报国挖掘即可，医学

就围绕敬佑生命、救死扶伤、甘于奉献、医者仁心挖掘即可，不用非得跟哲学、辩证法、党史、红色基因结合。

《高等学校课程思政建设指导纲要》第4、5项：
科学设计课程思政教学体系(公共基础课……)
文史哲：中华优秀文化、革命文化、社会主义先进文化。
经管法：经世济民、诚信服务、德法兼修。
教育：学为人师、行为世范、"四有"好老师……
理工：科学思维方法、科学伦理、探索未知、追求真理、科技报国。
农学：农村现代化、农村全面振兴。
医学：敬佑生命、救死扶伤、甘于奉献、医者仁心。
艺术：审美、人文……
《教育部高教司关于深入推进高校课程思政建设的通知》第2条：
挖掘各类课程自身蕴含的思政元素，不要"求大、求全"面面俱到！

图 3-19　思政元素的挖掘要符合规定

思政元素的融入更是一个需要澄清的问题，教育部也指出要使用科学的规律和方法进行融入，而不是生搬硬套。这部分比较难，对教师来讲也是比较具有挑战性的。因为从课程思政底层原理来讲，课程思政对于一线教师的要求是在知识传递的同时，帮助学生树立正确的观念①。这涉及两个原理：其一是教学设计（这是知识传递原理）；其二是观念原理（要懂得人的观念的底层规律）。教学设计原理是教学论的内容，观念的原理是认知心理学的部分。所以，含有思政元素的教学设计是一个非常专业、对教师要求非常高的工作②。实践中，一些教师无法驾驭上述原理，仅是采用讲故事等简单的方式让学生明白一个小道理，这样处理也可以，但要求所讲述的故事符合思政元素挖掘的要求（符合《高等学校课程思政建设指导纲要》关于各学科思政元素挖掘的规定）的同时，能跟所讲授的知识内容紧密结合，而不是生硬连接。这样，我们就将思政元素部分关注的两个根本性问题阐述完毕，即课程思政的 2 级大前提。我们继续看一下 3 级大

---

① 实践中，还有很多教师对课程思政的理解不正确，他们从宏观来看课程思政，将课程思政理解为立德树人，为谁培养人……这些是关于课程思政的宏观理解，一线教师仅持有这样的理解是无法将课程思政落到实处的。对于一线教师而言，所有的教学问题最终将落实到课程建设和教学改革两个环节。课程思政对于一线教师而言，正确的理解是在知识传递的过程中帮助学生树立正确的观念。

② 田洪鋆.批判性思维视域下课程思政的教与学[M].北京:法律出版社,2021.

前提，即教创赛关于课程思政采分点的规定。

图 3-18 还必须给 3 级大前提，即教创赛关于课程思政的采分点留出位置，这些采分点（表 3-6、表 3-7 中的评价要点）主要包含三项内容：①将思想政治教育与专业教育有机融合；②引用典型教学案例举例说明；③具有示范作用和推广价值。其中采分点①主要体现在思政元素挖掘的准确性和融入的科学性上；采分点②主要考核的是老师上课使用的课程思政小案例是否具有典型性、是否准确；采分点③主要考核参赛教师开展的含有思政元素的教学是否具有示范作用和推广价值。这部分不太好证明，但是曾经获得过课程思政示范案例、课程思政示范课程支持的课程具有一定的优势。总之，在课程思政 3 级大前提部分考核的内容既与思政元素的挖掘与融入有关，也与课程思政建设的评价有关（示范和推广的要求）。参赛教师要尽量在这页关于课程思政的汇报 PPT 中呈现出上述要求。这样，我们就将课程思政部分的 1 级、2 级和 3 级大前提都分析完毕，接下来我们要看看课程思政部分的小前提如何组织并与大前提一一对应。

从图 3-18 中我们可以看出，参赛教师围绕课程思政建设构建了"全链条的育人机制"，对教学目标、教学融入、教学评价、教学资源都有覆盖。具体而言，在思政元素挖掘方面，课程团队根据《高等学校课程思政建设指导纲要》的要求建构了思政元素体系，保证思政元素不跑偏，符合学科教学的要求；在思政目标方面，课程团队修改了课程大纲，完善并明确规定了思政目标；在学习过程中，团队教师采用每节课"5 分钟思政小故事"和"1 分钟学习心得"等教学设计将每节课的思政元素巧妙融入知识学习过程；同时，为了保证课程思政教学效果，课程团队还设立了集体备课、思政案例研究等环节，并围绕育人效果构建了评价机制；最后，考虑到线性代数课程的基础性和覆盖面较广的特点，课程团队构建了课程思政案例库，将思政小故事、典型案例、示范案例都分门别类地整合到相应的教学章节中，形成资源库供全体教师使用。

此处引用的是上文线性代数课程思政具体改革措施的介绍，我们可以发现，该课程的课程思政建设做了大量的工作，积累了丰富的素材，形成了"全链条育人机制"。这个小前提不仅与上文所提及的 1 级、2 级、3 级大前提能呼应上，还扣住了教师在教学创新成果报告中课程思政部分的改革和创新。这是我们在上文反复提及的观点，大小前提必须一一对应，其对应的目的是支撑主题。从图 3 - 18 中可以看出，大小前提基本上对应，而且也没忘记为教学创新成果报告中的相应部分提供支撑。总体上来看，这部分的汇报虽然简单，但是在内容、结构和功能上基本达到了要求。还必须指出的是，本书所使用的例子处理得比较简单。现实中，该位参赛教师不可能仅提供一张小前提的图片，还可能提供他们形成的思政元素体系的材料、修改的课程大纲的材料、课堂教学的材料、集体备课及思政案例研究的材料和案例库建设的材料。如此一来，课程思政建设的素材就被表达得淋漓尽致。本书没有足够的空间将小前提部分一一展开作丰富立体的介绍，一来本书是为了呈现思路、结构，只要能够让读者明白 1 级、2 级、3 级大前提，大小前提一一对应以及它们对主题作的支撑就可以了，至于其他内容和设计空间留给教师自己琢磨。二来是因为本书也没有太多的篇幅可以详细展开，而且笔者出身人文社科专业，线性代数也不是笔者自己建设的课程，很多细致的内容和资料整理起来既耗费精力，也没有太多的必要。所以，请读者还是将注意力放在思路、结构、要求上，其余留白的地方就结合自己的课程在比赛的过程中细细构思和设计，本书不再赘述。

需要注意的是，大小前提一一对应是为了证明主题——"厚基础、促高阶、夯育人、强支撑"（本处的例子）可以成立。为了让整个课程思政"全链条育人机制"的设计能够看出其对应的是"夯育人"的成果创新性，口头汇报的时候还需要把这一点凸显出来。

第六步：目录第四项——过程与方法。

在教学设计创新汇报关于过程和方法的 PPT 页上，我们需要呈现的内容有 1 级大前提中的"过程和方法"，2 级大前提中对过程和方法的细致展开［包括①课前、课中、课后（线上线下相结合），②课堂教学过程，③教学方法，④考核内容和方式］以及 3 级大前提即教创赛的采分点（包括①多种教学方法且能支撑教学目标，②教学内容过程安排合理、简单清晰、理论联系实际以及培养学生思考和解决问题的能力，③教学策略、方法、技术等巧妙应用解决教学问题，较好地把握重点和难点，④合理选择与应用信息技术，创设教学环境，关注师生、生生互动，强调自主、合作、研究的学习）。除了大前提之外，还需要呈现小前提。小前提要以符合上述 1、2、3 级大前提要求的方式整合和呈现出来。如图 3 - 20 所示，这个例子虽然比较简单，但要素全面，可以供读者参考。至于参赛，需要结合本书中提供的例子和自己手中的课程进行深入加工，做出内容丰富、层次清晰和符合要求的 PPT。

教学设计创新

4 **过程融合创新：教学模式更科学**
传递式—探究式
课前：线上课程—翻转课堂—释放课堂空间。
课中：小组讨论、同伴互评、实际演练、角色扮演、演讲、小练。
课后：实践教学体系—习题测试—系统评分。

课前翻转—课中小组讨论、同伴互评 —课后独立思考完成作业 —试题系统仿真演练

图 3 - 20　过程与方法页

　　在介绍过程与方法这页 PPT 之前，我们需要引入一个概念"教学模式"，这是本部分的 1 级大前提。过程与方法的共同上位概念是教学模式，教学模式决定了教师怎样组织自己的授课过程以及采用什么样的教学方

法。教学模式的类型和内涵在上文已经介绍过（详见表 2 – 2），此处再介绍一下不同的教学模式对过程与方法的影响。例如，我们采用传统课堂的教学模式——传递—接受式。该模式以传授系统知识、培养基本技能为目标，其着眼点在于充分挖掘人的记忆力、推理能力与间接经验在掌握知识方面的作用，使学生比较快速有效地掌握更多信息。该模式强调教师的指导作用，认为知识的学习只是从教师到学生的一种单向传递，非常注重教师的权威性。这种模式就决定了上课以教师讲授为主，检查学生是否记住知识的方式就是做题。所以，授课的过程就是教师讲授新知识，教学方法就是讲授，学生是知识的被动接受者，检验知识的手段就是以做题为主的考试。如果我们采用的是问题探究式教学模式，该模式下的教学活动以解决问题为中心，学生在教师指导下发现问题、提出问题并通过自己的活动找到答案。学生是学习的主体，教师可以是策划者、帮助者，但绝不是主角。在这种教学模式下，教学过程是从问题开始的，经过假设、推理、验证等环节来综合考查学生的过程性学习效果。教学方式一定是多元的，比如 PBL、小组讨论、合作学习、同伴互评等。因此，在不同的教学模式下，课堂教学的过程和方法是不同的。教创赛考核的"过程与方法"不仅仅考查教师能否准确描述自己教学的过程和方法，还要考查教师是否能准确地说出自己教学的"过程与方法"的依据——教学模式。综上，在过程与方法环节，教师需要明确汇报的是两件事——教学模式以及具体选定模式之下的过程与方法。

过程与方法（教学模式）这页 PPT 的 2 级大前提包括：①课前、课中、课后（线上线下相结合）；②课堂教学过程；③教学方法；④考核内容和方式。具体展开就是课堂教学从传统的知识讲授转变成问题引导的学生主动学习，转变后的课堂教学必然包含小组讨论、同伴互评、实际演练和角色扮演等。如果课堂教学发生了变化，线上线下混合式教学就得能跟上。传统的课堂是用来讲知识的，而现在需要给学生讨论、解决问题和一系列活动释放课堂空间。课堂上没有时间讲知识，知识的学习就必须放在线上。课堂发生变革的前提是基于线上线下混合式教学，把知识放在线上交由学生自行学习，这就完成了翻转课堂。完成课前、课中的变革之后，还需要有检验学生学习效果的方法和手段，这部分可以放在课后，利用各种资源、平台对学生的知识和技能进行测试。这样我们就完成了对 2 级大前提的解释，基本上就是采用混合式教学，将教学过程分为课前、课中和课后。课堂教学是变革的重中之重，应当采取多种教学方法，让学生变成学习的主体。课堂变革伴随着课前和课后的一系列变革。

教创赛对"过程与方法"的要求即 3 级大前提主要包括：①多种教学方法且能支撑教学目标；②教学内容过程安排合理、简单清晰、理论联系实际以及培养学生思考和解决问题的能力；③巧妙应用教学策略、方法、技术等解决教学问题，较好地把握重点和难点；④合理选择与应用信息技术，创设教学环境，关注师生、生生互动，强调自主、合作、研究的学习。从教创赛的采分点来看，这些要求（3 级大前提）基本上都是嵌套在探究式学习的各个环节中的。其中，采分点①多种教学方法是课堂教学变革的部分，可以体现在"课中"的一系列活动设计上；采分点②也主要体现在课中运用问题引导学生学习、解决问题上；采分点③可以体现在课前和课中的教学内容安排上；采分点④可以体现在线上线下混合式教学的安排上，课前、课中和课后都有大量技术融入的空间。并且，只有课堂从传授式变成探究式，才会引发师生互动、生生互动和自主、合作学习。由此，我们可以看出，3 级大前提是嵌套在 2 级大前提的各个环节中的。

从图 3-20 来看，参赛教师已经呈现出 1 级大前提"过程与方法"及它们的上位概念"教学模式"的变革，并且强调自己想要实现从传统的传递式到探究式教学模式的转变。在 2 级大前提和 3 级大前提的部分，用课前、课中和课后这种过程安排，呈现在探究式教学模式下的教学过程是如何安排的。具体而言，线上的主要目的是实现翻转课堂，释放教学空间。课中主要是为问题解决、小组讨论、合作学习等课堂变革和多种教学方法提供空间。课后通过线上资源结合课前和课中的学习完成自测和扩展阅读，夯实学习效果。这样，我们就完成了 2 级和 3 级大前提的一一对应，满足了教创赛对于技术嵌入教学，应用多种教学方法，增强学生问题解决能力、思考能力，以及以新的方式传递教学内容等要求。

为了印证 1 级、2 级、3 级大前提，教师还应当提供小前提来证明自己完成了相应的教学实践。在图 3-20 中，教师提供了自己建设的线上课程资源，引导学生完成课前自学任务的资料；还提供了课中实施小组讨论、问题解决活动的照片，用来配合整体的学习效果检验的课后习题资源库。同时，教师还阐述了其探究式教学的具体教学过程（MIRAT 教学模式）以及所使用的教学方法体系，进一步佐证了自己对教学过程和方法这部分要求的理解。

总体而言，图 3-20 较好地呈现了探究式教学模式下教学过程和方法的要素。参赛教师要注意结合这些要素确定自己的汇报思路，再与小前提结合，呈现自己在过程和方法这部分的课程改革实践。需要注意的是，本部分的介绍依然着重于思路，即大前提是如何展示的，小前提如何与大前提对应。至于小前提的内容及其准确性、丰富性和对应性可能是本书没办法过多打磨的地方，留给读者在自己比赛的时候细细打磨。总之，读者不必太纠结本书小前提的部分是否足够优化、是否有提升空间，这不是我们关注的重点，我们要关注的是汇报的思路应当如何确定。

最后需要提示的是，大小前提一一对应是为了证明主题——"厚基础、促高阶、夯育人、强支撑"（本处的例子）是成立的。整个课堂教学的模式能够看出其对应的是"促高阶"的成果创新性，口头汇报的时候还需要把这一点强化出来。

第七步：目录第五项——教学评价。

在教学设计创新汇报关于教学评价的 PPT 页上，我们需要呈现的内容有 1 级大前提中的"教学评价"，2 级大前提中对教学评价的细致展开（包括：①多种考核方式；②从知识到"知识＋能力"的考核；③指标体系），以及 3 级大前提，即教创赛的采分点（包括：①采用多元评价方法，合理评价学生知识、能力与思维的发展；②过程性评价与终结性评价相结合，有适合学科、学生特点的评价规则与标准）。除了大前提之外，还需要呈现小前提。小前提要以符合上述 1 级、2 级、3 级大前提要求的方式整合和呈现。我们用一个简单的例子呈现，如图 3 - 21 所示，这个例子比较简单，但要素全面，只是给读者提供参考。

图 3 - 21 是由两页 PPT 组成的，这说明评价部分的内容比较多，没有办法整合在一页 PPT 里。实践中，每个部分配合多少页 PPT 是由教师自己课程建设的相关信息量（小前提）决定的，没有必要非得整合在一页。但是，也要考虑到汇报的时间限制，在有限的时间之内制作过多的 PPT，可能会导致展示超时。有些内容匆匆而过，还有可能留给评委眼花缭乱的印象，这部分也需要教师自己把握。在图 3 - 21 中，我们能清晰地看到，该页 PPT 的进度推进到了教学设计创新中的教学评价，作者没有简单地写成"教学评价"四个字，而是用带有观点的句子——"评价融合创新：学生学习更主动"，强调了自己在教学评价这里要达到的总体目的。这种写法相较于只写"教学评价"是值得提倡的，它表明教师在利用任何机会表明自己的观点，向评委传递更多的信息。这样，该页 PPT 就将 1 级大前提较为妥帖和适当地表达了出来。

在图 3 - 21 中，我们还能看到 2 级大前提和 3 级大前提。前者包括：①多种考核方式；②从知识到"知识＋能力"的考核。后者是大赛的采分点也是对 2 级大前提特定内容的强化，主要包括：①采用多元评价方法，不仅能评价知识，能力与思维的发展；②过程性评价与终结性评价相结

图 3 – 21　教学评价页（示例）

合，有适合学科、学生的评价规则与标准。将 3 级大前提拆解出来之后，发现里面的要点就是多元化评价方法、评价能力、过程性评价和总结性评价、评价规则和标准，这与 2 级大前提没有太大的出入。图 3 – 21 较为完善地将 1 级、2 级、3 级大前提都呈现了出来。

在图 3 – 21 中，教师尽量呈现了自己的小前提（在教学评价方面的做法）来呼应上文提及的三级大前提。首先，教师指出自己采用了线上考核、答辩式考核、个性化考核等多种考核方式。其次，教师强调自己的课程有期末考试、论文写作，还有过程性的随堂考核。最为主要的是，教师最后为过程性评价做了一张评价指标体系，这个评价指标体系不仅能反映对学生思维、能力等要素的考核，还能分阶段为不同的学生设置不同的评价指标，教师用自己的小前提尽可能地呼应了教学评价部分的三级大前提。

这样，我们就将教学评价部分的大前提以及大小前提的一一对应介绍完毕，需要提示的是，大小前提一一对应是为了证明主题——"厚基础、促高阶、夯育人、强支撑"（本处的例子）是成立的，整个教学评价要能看出其对应的是"强支撑"的成果创新性，口头汇报的时候还需要把这一点强化出来。

综上，我们就将教学设计创新汇报的 PPT 制作思路介绍完毕了，总体上我们需要遵循以下几个原则。

（1）需要体现 1 级大前提（教学设计的五个内容模块，也是评分标准中的评价维度）；

（2）需要体现 2 级大前提（一流课程建设对教学设计中五个内容模块的具体要求，是 1 级大前提的展开）；

（3）需要体现 3 级大前提（是教创赛的采分点，即评分标准中的评价要点）；

（4）需要提供小前提（参赛教师的课程实践）；

（5）小前提要与三级大前提一一对应（小前提要加工整理、有序提供，不能无序罗列）；

（6）小前提与大前提一一对应的目的是支撑主题（教学创新成果报告中的成果及其创新性）。

参赛教师的 PPT 制作要同时兼顾这六个原则，而且要条理清晰。这样，本书就将教学设计创新汇报的思路分析完毕，在整体的介绍中需注重大前提、大小前提的一一对应和它们对主题的支撑。本部分比较薄弱的环节是小前提的加工和整合，本书只能提供一个零散的示范案例，请教师关注汇报思路并在备赛的时候将自己的小前提细细打磨，使之更好地符合大前提的要求并能够和大前提一起支撑自己的主题。

3）教学设计创新汇报的完整范例

上文介绍的是教学设计创新汇报的 PPT 制作思路，但是在现场汇报的时候，PPT 只是辅助的展示工具，汇报主要还是得依靠教师自己的语言展示，这就涉及我们如何围绕 PPT 内容再制作一份汇报的脚本。这部分内容也很重要，因为有些人的 PPT 制作得很好，但是口头表达一般，导致 PPT 中丰满的思路没有被呈现。因此，如何用语言文字将汇报内容呈现，对参赛教师来说也是一项考验。其实，制作脚本的思路和原则与制作 PPT 是一样的，都需要同时遵循上文提及的六个原则，只不过还需要用语言将这六个原则勾勒出来，这很考验教师的语言驾驭能力。本书尝试围绕上文介绍的教学设计创新汇报 PPT 制作一份汇报脚本，目的是展示制作思路，给读者提供参考，同时也意图让读者认识到，脚本制作要同时兼顾上述六个原则，每一句话都有其用意（发挥其功能）且要符合展示的逻辑。如果存在没有发挥功能的话语，逻辑还混乱，那就是一份有瑕疵的，甚至是失败的汇报。此外，还有一件经常被教师忽略的事情。教师心中是有教学设计创新汇报脚本的，但是评委没有。二者的区别在于，教师知道自己的汇报有几个部分，以及上一部分和下一部分之间的联系，但评委不知道。这就要求教师"以评委为中心"，在汇报的时候将评委"看不到"的脚本结构和联系用语言勾勒出来。这个事情经常被忽略，如我们在看到纸质的发言稿时，能够看到"一、二、三、四""（一）（二）（三）（四）""1. 2. 3. 4.""1）2）3）4）"等四级标题，但听众（手中没有纸质版发言稿）是看不到的。所以，汇报者要用语言将这些逻辑层次勾勒出来。

阐述完脚本和PPT的区别之后，本部分就围绕上文的教学设计创新汇报PPT制作一份范例供大家参考。还是如上文所指出的那样，请读者朋友将注意力集中在逻辑、结构、要求和表达上，不用太在意小前提是否准确，毕竟本书的重点是介绍思路。

范例

尊敬的评委，下面开始我的汇报（开场白）。我汇报的题目是——"厚基础、促高阶、夯育人、强支撑"，线性代数教学设计创新汇报（标题页）。我汇报的内容分为四个方面，分别是：一、课程目标和定位；二、课程痛点与成效；三、教学设计创新，这也是本次汇报的重中之重；四、成果成效与推广（勾勒结构，交代汇报顺序并强化第三项是汇报重点，第一、二、四项是辅助）。

我们先来看第一项——课程目标和定位……（非本部分主要内容，详情不叙）（勾勒结构，引导评委跟你来到第一个内容，这一点很重要，否则评委跟着跟着就跟丢了①）。以上是第一项课程目标和定位的介绍，下面我们来看第二项——课程痛点与成效……（非本部分主要内容，详情不叙）（勾勒结构，引导评委跟你来到第二个内容，这一点很重要，否则评委跟着跟着就跟丢了）。以上是第二项课程痛点与成效的介绍，接下来我们来到第三项——教学设计创新方面的内容介绍，这部分是整个汇报的核心（突出你懂得教学设计汇报的要求，能准确呈现其内容）。我们按照要求（暗指你了解评分标准）将其分成五个方面来介绍，分别是教学目标、教学内容、课程思政、教学模式以及教学评价（还是在勾勒结构，防止评委跟丢了，就像导航一样，到哪儿告诉听众一声）（目录页）。

我们先来看教学目标部分（教学目标页）。为了使教学目标更准确，我们对目标进行了融合创新（1级大前提）。一流课程②对教学目标的要求是复合的，要满足思想性目标，即培养学生正确的观念；理念性目标，即强化"以学生为中心"、OBE等教学理念；层次性目标，即三维教学目标中的知识、能力和情感目标；支撑性目标，即课程目标对专业培养目标和毕业要求的支撑度（2级、3级大前提）。为此，结合本人讲授的线性代数课程，我们在课程目标上进行了融合创新，分别表现在：①根据线性代数的基础课性质重新定位了层次性目标，强化了原本的知识目标，增加了能力目标的要求，融入思政目标；②由于线性代数是公共基础课，支撑人文社科、理工科众多专业的后续学习，课程团队对学生所学的专业进行调研，分门别类制定了支撑各专业人才培养目标和后续学习的支撑性目标；③在制定目标的时候，充分考虑目前流行的以学生为中心、OBE教育理念，加入了结果导向和更适合基础课学生学习的各项要求（介绍小前提的

---

① 但这部分如果有国家级一流课程、省级一流课程的建设积累建议着重强调出来，会让评委重视你的课程。

② 如果后续一流课程建设完成，又开启了新的课程建设，这部分也可以换成相应的名称，课程建设的底层原理不变。

内容，并且使其与大前提——对应）。在课程团队的努力下，教学目标更为丰富立体，基本上能支撑线性代数课程作为基础公共课对学生学习的要求、对后续各专业人才培养的要求，当然也力图达到课程思政的要求（为主题提供支撑）。

接下来，我们来看教学设计创新的第二项——教学内容（勾勒结构，引导评委的注意力转向下一个内容）。教学内容是我们课程团队改革的重点，教学内容更先进是我们建设的目标（1级大前提）。在一流课程建设背景下，课程内容要满足思想性，即要能育人；符合时代性、前沿性，即保证课程内容的先进性；同时，作为开设给本科生的基础课，内容方面还要具备逻辑性、通识性；最后，还要做到理论和实践的结合。线性代数课程比较侧重理论，如何与实践结合也是我们改革的重点（2级、3级大前提）。结合上述建设要求和线性代数公共基础课程的特点，我们形成了"1+1+1+N"的课程内容综合模块（开始过渡到小前提）。课程团队通过对线性代数支撑的社科类、理工类专业人才培养目标和后续学习对本课程的特殊要求，对线性代数的内容进行了区分、添加、高阶设计和整合。首先，提炼出各学科都必须掌握的基础知识模块（第一个"1"）；其次，将最新的线性代数前沿研究成果和思政小故事整合为一个知识模块（第二个"1"）；再次，将提升高阶性（解决问题能力）的数学实验形成第三个知识模块（第三个"1"）；最后，围绕各学科后续学习的特殊要求整合成第四个知识模块（"N"）（介绍小前提的内容，并且使其与大前提——对应）。在这种课程内容综合模块的区分下，每个专业都能够得到一个量身打造的课程内容体系，这个课程内容体系中既有线性代数课程的基础知识，实现课程作为基础课程必须达到的"厚基础"功能；又有数学实验内容模块，以满足学生高阶能力培养的需要；最主要的是我们还将学术前沿和关于线性代数课程的思政小故事整合进课程内容，最终满足课程内容的前沿性、思想性要求。这样，课程就在内容方面满足了基础性、多专业区分度、高阶性和支撑性等方面的要求（为主题提供的支撑）。

　　接下来，我们来看教学设计创新的第三项——课程思政（勾勒结构，引导评委的注意力转向下一个内容）。课程团队非常重视课程思政的建设，形成了包含目标、融入、评价和资源的"全链条育人机制"（1级大前提）。课程思政建设的重点就是如何准确挖掘思政元素，正确融入知识传授过程，真正做到润物细无声，与专业课紧密结合在一起（2级、3级大前提）。为此，课程团队首先根据《高等学校课程思政建设指导纲要》对基础课程和理工类课程思政元素挖掘的要求，对本课程重要的思政元素予以挖掘，形成思政元素体系和资源库，供承担本课程的教师在建设课程思政时参考。其次，课程团队根据相关文件要求修改了课程大纲，丰富和完善了课程目标中的情感、态度、价值观目标；编写含有思政元素和融入过程的示范类教学大纲，供团队教师参考。再次，课程团队在课程实施环节采用多种方式融入思政元素，如课前5分钟思政小故事，学生分享学习心得，结合实施要点感受课程知识的应用等。复次，在评价机制中增加对教师和学生的育人环节考查，以及建立集体备课制度和课程思政案例教学研讨机制（每周研讨一次）。最后，建立了课程思政案例资源库。课程团队将课程思政小故事按照"思想引领""文化自信""实际应用"等模块分类，鼓励教师编写课程思政典型案例、示范案例，组织分享，不断充实案例库建设（介绍小前提的内容，并且使其与大前提一一对应）。这样，课程就形成了包含目标、融入、评价和资源的"全链条育人机制"，为"夯育人"提供支撑（为主题提供的支撑）。

　　接下来，我们来看教学设计创新的第四项——过程与方法（勾勒结构，引导评委的注意力转向下一个内容）。过程与方法是由教学模式决定的，本课程从传统的讲授式教学模式全面转变为探究式教学模式（1级大前提）。探究式教学模式要求在课前通过线上课程建设实现翻转，释放课堂空间，这样才能在课中采取PBL、小组讨论等多种探究式学习方式，课后还需要利用多种资源完成学习效果的考评（2 级、3 级大前提）。为此，课题组首先设计了线上线下混合式教学模式，将知识学习安排在课前线上由学生预习和自学完成。其次，在课中，课程团队打造了以探究、问题解决为主的 MIRAT 教学过程。在该教学模式中，教师负责设计教学场景、组织学生在场景中提出问题，鼓励学生通过线上自学、同伴学习等方式掌握解决问题的知识，再用知识分析问题，得出结论。在 MIRAT 教学模式中，教师转变为"设计师和咨询师"，而不是传统课堂中的讲授者；学生转变为知识探索者、学习者以及问题解决者，而不是传统课堂中的被动接受者。最后，MIRAT 教学模式可以兼容多种教学方法，如 PBL 教学方法、小组讨论教学方法，考查高阶思维必备的归纳式和演绎式教学法也会用到，因为在解决问题的环节必然涉及归纳和推理。这样，课程就形成了探究式教学模式下的混合式教学、问题导向教学的 MIRAT 模式，为"促高阶"提供了支撑（为主题提供了支撑）。

接下来，我们来看教学设计创新的第五项——教学评价（勾勒结构，引导评委的注意力转向下一个内容）。符合时代发展要求的课程建设一定需要满足多种考核方式，不仅能对知识的掌握进行考核，还要能够对能力和思维进行考核（1 级、2 级大前提）。多数教师在设计教学评价的时候都会关注上述两点（强调与其他人不同，目的是突出自己有评价指标），本课程也不例外。相较于设计多种考核方式而言，考核指标的设计是更为重要的，本课程在这方面也有了突破性的进展（2 级、3 级大前提）。具体而言（开始往小前提引入），本课程不仅采用了在线考核、答辩考核、个性化考核等手段，实现了从知识到能力的考核。最为突出的是，为了能够全面考核学生的数学思维和用数学知识解决问题的能力，课程团队精心制作了覆盖全部学生的评价指标体系，在该指标体系的指导下，我们可以实现对学生知识、能力、思维的全方位和过程性考核，准确反映学生的学习状态。根据学生的学习情况及时调整授课内容和进度，真正做到以学生为中心（扣住以学生为中心的教学理念），精准支撑线性代数的课程教学（介绍小前提的内容，并且使其与大前提一一对应）。这样，课程形成了能够支撑目标达成、反映内容学习成效的精准评价体系，能够更为有效地配合各学科人才培养目标和后续的专业化学习，为"厚基础"和"强支撑"提供有效的支撑（为主题提供的支撑）。

以上就是我对本汇报第三部分——教学设计创新的汇报。让我们的视线来到本次汇报的第四部分也是最后一个部分——成果的成效与推广……（非本部分主要内容，详情不叙①）（勾勒结构，回到目录页的叙事逻辑上）。

以上是我今天汇报的全部内容，恳请各位专家批评指正！（结束语，注意不能用感谢聆听，"聆听"是一个不恰当的词汇，主要用于长辈和晚辈之间训话的场景，很多参赛教师在这方面犯错误）

以上就是一份教学设计创新汇报的脚本范例，字数偏多，也没有经过太多的打磨和优化，目的是向读者呈现教学设计创新汇报的文本思路，以及如何与我们上文制作的 PPT 结合。从这份范例中我们可以看出，每一句话都有其特定的逻辑定位和功能，不是随意想到哪说到哪。一份好的汇报是能够让评委赏心悦目的，不仅能够使其紧紧跟上你的叙述节奏和内容，还能被你说服。要做到这一点，参赛教师必须保证自己的汇报在内容上言之有物，符合大赛和课程建设的要求；在逻辑上清晰均衡，指引性强，让评委能跟住。如果评委听完感到云里雾里，这份汇报多半是有问题的。

以上范例仅供参考，我们将不那么重要的部分弱化处理，比如第一、二、四部分，将本部分关注的教学设计部分凸显出来，还是请读者多关注结构、思路以及相应部分的话语表达，不要过多纠结文中使用的案例——

---

① 要注意展示成果获奖一类的照片，因为别人都展示，你不展示就吃亏。

线性代数这门课程实际上建设的效果和小前提的整理。希望这一份逻辑相对清晰、内容相对充实的范例能给大家在构思自己的教学设计创新汇报时提供帮助。

综上，我们就将教创赛要求的第二份材料——教学设计创新汇报全方位介绍完毕，这也是第三章深加工篇的重要内容之一。我们先是对教学设计创新汇报的理论进行了分析，呈现教学设计创新汇报与教学创新成果报告的关系、教学设计创新汇报的组成部分以及教学设计创新汇报的各个组成部分与评价标准的对应关系。将理论问题介绍完毕后，我们深入细致地揭示了教学设计创新汇报的制作要求，即大前提、小前提、大小前提一一对应对成果的支撑，教学设计创新汇报的常见问题都与对制作要求理解不到位有关。更为重要的是，我们围绕线性代数课程呈现教学设计创新汇报PPT的制作流程和脚本撰写思路，希望这种一步步介绍的方式能够为教师读者的备赛提供帮助。需要指出的是，本书重点在于揭示教创赛的原理以及相关材料的准备思路，请读者将注意力集中在这部分，而不要过于关注文中例子的课程建设思路、小前提的处理是否妥帖。因为我们能够找到的用于展示的例子十分有限，且必须经过教师的授权，所以会出现小前提不十分理想的状态，但这一切对于揭示原理和理解备赛思路不会造成太大的阻碍。

四、课堂教学实录

（一）课堂教学实录的理论解析

1. 课堂教学实录与教学创新成果报告、教学设计创新汇报的关系

我们在之前的表 3 - 1 中已经提及课堂教学实录与教学创新成果报告、教学设计创新汇报的关系。对于教创赛而言，教学创新成果报告是基础，它是针对整门课的教学研究成果，揭示理论层面的问题和创新。

在教学创新成果报告的基础上，教学设计创新汇报是其在一门课的教学设计上的应用，这两个部分我们已经介绍完毕。课堂教学实录是教学创新成果报告、教学设计创新汇报在一节课上的体现，考核教师能否将其在教学创新成果报告中介绍的成果落实在一节课的课堂教学中。课堂教学实录使用的是教学设计原理，它有两个功能：一是展示教师课堂授课的基本功；二是实现对教学创新成果报告和教学设计创新汇报中观点的支撑。

2. 课堂教学实录的采分点及与各要素的嵌套

课堂教学实录使用的是教学设计原理，这一点从表3-8课堂教学实录的评价标准中也能看出来，其评价维度和评价要点与教学设计创新汇报几乎是一样的，差别就是前者针对的是一节课，后者针对的是一门课。

表3-8　课堂教学实录的评价标准

评 价 维 度	评 价 要 点
教学理念	教学理念体现"以学生为中心的"教育理念，体现立德树人思想，符合学科特色与课程要求；以"四新"建设为引领，推动教育教学改革、提高人才培养能力
教学内容	教学内容有深度、广度，体现高阶性、创新性与挑战度；反映学科前沿，渗透专业思想，使用质量高的教学资源；充分体现"四新"建设的理念和成果
	教学内容满足行业与社会需求，教学重、难点处理恰当，关注学生已有知识和经验，教学内容具有科学性
课程思政	落实立德树人根本任务，将价值塑造、知识传授和能力培养融为一体，显性教育与隐性教育相统一，实现"三全育人"
	结合所授课程特点、思维方法和价值理念，深挖课程思政元素，有机融入课程教学
教学过程	注重以学生为中心创新教学，体现教师主导、学生主体
	教学目标科学、准确，符合大纲要求、学科特点与学生实际，体现对知识、能力与思维等方面的要求
	教学组织有序，教学过程安排合理；创新教学方法与策略，注重教学互动，启发学生思考及问题解决

评价维度	评价要点
教学过程	以信息技术创设教学环境，支持教学创新
	创新考核评价的内容和方式，注重形成性评价与生成性问题的解决和应用
教学效果	课堂讲授富有吸引力，课堂气氛融洽，学生思维活跃，深度参与课堂
	学生知识、能力与思维得到发展，实现教学目标的达成
	形成适合学科特色、学生特点的教学模式，具有较大借鉴和推广价值
视频质量	教学视频清晰、流畅，能客观、真实反映教师和学生的教学过程常态

　　课堂教学实录与教学设计创新汇报最大的不同在于教学设计创新汇报止于教学设计，而课堂教学实录则是要用一节课的真实教学（哪怕是录像）体现教学设计。既然课堂教学实录是实实在在地上课，我们就需要将实际上课的一些活动、安排、内容等展现出来，并且要将这些上课的内容与课堂实录的采分点（评价维度和评价要点）结合起来。同时不要忘记，教创赛背景下的课堂教学实录还有一个终极目的——支撑教学创新成果报告和教学设计创新汇报。接下来，我们将课堂教学具体活动、与采分点的嵌套和对之前两份材料的支撑关系整理成表3-9，后续所有的描述都依据表3-9揭示的课堂教学实录的要素展开。

　　表3-9一共分为三个模块，分别是课堂教学实录、评价标准（分为评价维度和评价要点）以及支撑（体现课堂教学实录与前两份文件的关系）。其中，课堂教学实录分为两个模块和三个线索，宏观过程主要解决的是教学模式的问题，即线索①，主要描述的是课前、课中和课后的整体教学过程，代表着教师的教学活动并不仅仅局限于课堂教学，而是贯穿课前和课后，是完整的。这种设计能体现参赛教师使用线上线下混合式教学模式并且释放了课堂教学的空间，为后续的多种教学方法、探究式的教学过程创造了可能性。微观模块主要揭示教学的具体活动和内容，包括线索②微观操作的"活动"线索和③微观操作的"内容"线索。前者意在揭示

表 3 – 9　课堂教学实录、评价标准与支撑功能的内剖图

课堂教学实录			评价维度和评价要点					支撑
宏观过程	微观过程							
①模式线上线下混合、探究式	②活动（教师主导，学生主体）	③内容（强调生成、应用、前沿和高阶）	教学理念	教学内容	课程思政	教学过程	教学评价	
课前	自学预习		①"以学生为中心"的教育理念；②体现立德树人；③符合学科特色与课程要求；④"四新"建设	①深度、广度，"两性一度"；②学科前沿；③专业思想；④高质量的教学资源；⑤"四新"建设；⑥行业与社会需求；⑦教学重、难点；⑧学生已有知识和经验；⑨科学性	①知识、能力和价值，"三全育人"；②思政元素；③有机融入	①以学生为中心，教师主导，学生主体；②符合目标、大纲和学生特点；③教学组织、教学过程有序；④教学方法创新；⑤教学互动；⑥启发思维；⑦信息技术	①创新考核评价的内容和方式；②注重形成性评价与生成性问题的解决和应用	教学创新成果报告＋教学设计创新汇报
课中	①……							
	②……							
	③……							
	④……							
课后	作业拓展							

在具体的课前、课后，尤其是课中是如何展开教学安排的，所有的微观教学活动共同构成了教学过程，因此必须具有逻辑性和体现以学生为中心的设计，可以说，微观的教学活动是非常体现教师教学设计功底的。后者意在指出教学活动不是单独存在的，它是为了完成教学内容从教师到学生的

传递，因此活动必须为内容服务。

所有微观的内容（线索③）整合起来就是参赛教师具体选择的教学片段（从自己的课程中选择的一个具体章节内容），但是表3–9所体现的内容是将一个完整的教学片段设计成微观的内容（符合学生认知）通过微观的教学活动触达学生，对教师的教学设计能力要求非常高。表3–9中的线索②和③结合在一起就是教学过程，是教创赛考核的重点，也是课堂教学实录中能通过教师"明示"的东西。评委也需要通过二者来考查参赛教师对课堂的驾驭能力、课堂创新能力，以及此种对课堂教学的创新是否能印证其前期提供的教学创新成果报告中的"成果"和线下展示的教学设计创新汇报中的"思路"。

将表3–9的课堂教学实录及其三条线索解释完毕之后，我们要解释它与评价标准的对应关系（也可以称之为嵌套关系）。上文提及，教师在课堂教学实录中唯一能"明示"的就是三条线索（①模式；②活动；③内容）。通过这些"明示"的内容还要传递出一些"暗示"的内容，即评价标准（采分点）和对前两份材料的支撑。我们先来看评价标准。如前文所述，课堂教学实录与教学设计创新汇报的评价标准几乎是一样的，差别就是前者是一节课，后者是一门课。在整个课堂教学过程中，参赛教师要明确知道自己的每一个具体活动，暗中向评委传递的是哪一个评价要点，即教师对于课堂教学实录的每一个活动设计都必须带有明确的指向性，指向教创赛的具体要求。本书将评价维度和评价要点细致整合在表3–9中，意在阐明课堂教学实录的每个活动都应该在评价标准中找到对应的采分点，它们之间的对应关系，我们在后文的具体实例中再揭示。

在表3–9中，我们还能明确看出，课堂教学实录除了要能与评价标准对应之外，还要对前两份材料起支撑作用，即证明教学创新成果报告中的成果是成立的，并且具有创新性；证明自己在具体课堂教学实录中的教学设计与之前教学设计创新汇报中的一整门课的教学设计是一致的。这一项内容也需要教师"暗示"，所以教师在整个课堂教学实录中的压力还是很大的，不能只顾着展示自己的线上线下安排、具体的活动和内容，还要想着自己的线上线下、课前课后以及课上的具体活动和内容如何体现自己贯彻了教创赛的评价标准（采分点），其如何证明和支撑了前两份文件（教学创新成果报告和教学设计创新汇报）。教师要做到弹无虚发，每个环节的活动、前后的衔接都要能扣住采分点和支撑前两份文件。

表3-9从原理上揭示了课堂教学实录、评价标准与前两份材料的关系。在实践中，教师在备赛的时候可以先对自己的教学片段进行模式、活动、内容的设计，然后一步一步地填写在表3-9中；再分析自己设计的某个具体活动是否能与评价维度和评价要点中的某个具体采分点对应上（争取将采分点全覆盖）；最后判断自己是否用一节课的课堂教学支撑了自己在前两份文件中的成果创新和设计创新。

（二）课堂教学实录的前期准备

1. 教学片段的选择

虽然我们在上文已经通过表3-9揭示了课堂教学实录、评价标准与支撑功能的内剖图，并且指出教师在备赛的时候可以将自己的相关内容填写在表3-9的相应区域，来完成自己对一节课的教学设计。但这并不意味着我们现在就可以开始"动手"了，在具体设计课堂教学实录这一节课（用自己的教学片段填写表3-9）之前，我们还有大量准备工作需要做，其中最为重要的就是教学片段的选择和前期处理。虽然经过本书前期的介绍，很多教师读者已经对教创赛的本质、教创赛的原材料以及前两份文件的深加工有了较为深刻的认识，但是到了课堂教学实录部分，除了要将上述原理掌握清楚，还必须有一个"趁手的兵器"——合适的教学片段。

参赛教师所讲授的课程有很多内容，从中选择哪一项内容或者具体哪一个章节的知识作为课堂教学实录的展示片段呢？如果随意选择，或者认为哪一个章节都一样可就大错特错了。参赛教师所承担课程的教科书的知识可以被分成多种类型，有一些不适合在大赛中展示，有一些有设计空间，非常适合作为教学片段呈现教学改革的成效，所以在教学片段的选择上还要下一定的功夫。毫不客气地说，如果教学片段选择错了，整个课堂教学实录效果就一定不会好。

在教创赛背景下，教学片段选择的一个总体原则是有设计空间。有设计空间是指该教学片段能够被我们设计成混合式教学，能够被设计出问题并引导学生思考和解决，能够兼容各种教学方法，能够理论联系实际，能够体现教学创新成果的创新性……同时，还要考虑到课堂教学实录的时长是 45 分钟，教学片段的内容、信息密度、难度都是需要教师慎重设计的，具体而言可以分解为以下几点。

（1）教学片段必须能与行业实践相连接。教科书中有很多教学片段是很难与行业的实际工作结合在一起的，如概述、历史、特征、分类……这些内容都是一些既定的事实，对学生很重要，但是不太容易与日常的实践活动联系在一起，即书上的"理论"不太容易与行业"实践"结合在一起。如果不能结合，这类知识的传递方式就只能是讲授，都是一些既定的客观事实，也没有必要大肆渲染，或者说没有什么设计空间。这部分其实特别适合放在线上留给学生自学，是一种纯粹的知识，不涉及应用。在笔者参与过的校赛和省赛课堂教学环节中，很多教师选择了非常基础的概论、历史、类型、特征等内容，完全依靠讲授，没有太多拓展空间。虽然教师也举了例子，但是这些知识的性质就是这样，跟实践的联系不多或者与现代社会的行业实践没有显性联系。没有设计空间，教师上课的效果自然受影响，即便有课堂互动也仅仅是围绕知识记忆得清晰与否等"低阶认知"展开，根本没有办法上升到对知识的应用、分析、评价等"高阶认知"。所以，这一类教学片段不适合做教创赛的展示内容。

（2）要有理论深度，要稍微难一点但不能太难。这一条在实践中很难掌握，需要参赛教师进行角色的转变。教学片段要具有理论深度这一点是毫无疑问的，没有理论性就没有探讨的空间。如果都是些板上钉钉的事情就没有讨论空间，只有理论比较深入、理论与行业实践有一定差距（即理论能指导实践）的教学片段才能设计出好的问题，才能引导学生思考和回应。所以，教学片段要有理论深度并且理论能指导实践。有理论深度就意味着该教学片段是有难度的，但为什么又不能太难呢？这就涉及上文所讲的角色转变。教师一定要记住，课堂教学实录虽然可以带生录课，但终究是展示给评委的。而评委和平时教师授课时面临的学生存在两个差异：其一，评委可能跟你是同一个大学科（如理科、工科、医科等），不太可能跟你是一个小学科，并且没有太大概率是跟你教授同一门课的。这是什么意思呢？你的课，评委可能是不懂的，即便评委由于有丰富的教学经验、人生阅历以及相关大学科（理工农林医人文社科）学习背景能听懂一点，但是不能期待评委对你的课程是全然懂的、是没有学科障碍的。所以你选择过难的内容，对评委的理解会造成困难，但对你的学生不会，因为你和你的学生不仅是同一个大学科、小学科，还同时上一门课程。其二，评委不像你的学生那样系统地从头开始跟你学习，即有前序知识。当你跟你的学生说类似"同学们，我们上节课学了……这节课，我们在上节课讲授内容的基础上继续学习……"的时候，你的学生是能听懂并且能跟上的，但是评委是听不懂且跟不上的（这几乎是一定的，但不排除有人能碰到跟自己教一门课的评委）。所以，上述两个事实就告诉我们要选有理论深度的教学片段，但又不能太难，因为要考虑到是评委在打分。最好选择比较独立，前后没有太多联系，又有理论深度的片段。

（3）要能连接生活，即考虑教学片段的群众基础。参赛教师一定要明白一点，教创赛的课堂教学实录虽然是教学，但是是展示给评委看的，所选择的教学片段既要满足上文所说的具有理论性，有点难度但不能太难，又要满足本部分所说的要能连接生活，即教学片段要有生活基础。能连接生活的教学片段会有"群众基础"，一方面，虽然教学片段在讲授一个理论知识点，但是由于能跟老百姓的日常生活结合在一起，即便是复杂的理论也很容易被理解；另一方面，能够将所讲授的知识内容跟人们日常的生活、生产实践结合起来也是教师素养的体现，这表明教师不仅熟悉自己所讲授课程教科书上的知识，还知道知识在实践中是如何应用的。这里指的实践主要是生活实践，与上文涉及的行业实践略有不同，但都代表知识被应用的场景。例如，我的专业是法学，在日常的教师培训、教学展示中需要使用实际例子时，我更愿意使用我们专业中民法领域的婚姻、家庭、借贷，刑法领域的故意伤害、打架斗殴等大家在日常生活中都耳熟能详的例子。虽然我更熟悉国际法，但我不会选择它作为教学展示的例子，因为国际法不容易懂，它离普通人的生活太远。普通民事、刑事案件的交流成本低，群众基础好，附着在这些例子上的深奥理论在理解方面也变得轻松起来。说回参赛教师所讲授的课程，有些章节太枯燥，属于纯理论知识或者无法直接连接社会生活，这样就会给听众造成理解障碍，要尽量选择那些有现实基础的教学片段来呈现教学效果。

（4）信息量适中，密度不能太大也不能太小。课堂教学实录的时长只有45分钟，在这段给定的时间内还要结合听众（主要是评委）的感受来选择大小适中的教学片段。所谓大小适中是指教学片段的信息量大小、信息密度高低。如果时间不变，信息量大，信息密度就会高，这样的内容对听众的要求也很高，理解困难，容易导致听众跟不上；信息量小，信息密度就低，这样的内容对听众来说比较容易，但是也会产生一个问题——听众会觉得无聊、简单。此外，课堂教学实录语速不能太快，基本上每分钟180～200字，在45分钟内，总的表达字数是既定的，那么教师就必须考虑其所要表达内容的信息量。

（5）要能容纳设计，即容纳教创赛要求的各种采分点。有些教学片段没有设计的空间，太简单，没办法展开小组讨论和PBL；有的知识点融入思政元素比较困难；有些知识点反映不了前沿和"四新"建设的成果……总之，要选择一个能够将教创赛要求的各种元素（表现为采分点）都尽可能容纳的教学片段。

综上，我们就将教学片段的选择原则介绍完毕。教师要重视对教学片段的选择，因为它决定着教学设计的空间、教学效果的呈现。说到这里，也许会有人认为教创赛就是一个表演，连教学片段都是精心设计的，因为日常教学中每个知识点都得讲到，并没有什么选择的空间。而且，教师日常教学中也不会真正做到每一节课都按教创赛的要求准备和呈现。对于这样的观点，我们要理性看待。教创赛的初衷是提供一个平台和机会，用正规的教育学理论和赛事标准激励教师开展教学研究、开展课程建设。即便教师在课堂教学实录中展示的教学片段不能复刻到日常的每一次教学中，但这也代表着教师能够在某个知识点的讲解中达到他日常达不到的高度，这本身就代表着教师的成长。至于在教创赛获得的成长能否在日后表现在每一次日常教学中需要时间，也需要教师不断磨炼。毕竟，教创赛给了教师一个机会展示自己对教学最好的理解，即便很多片段经过选择、设计，也是在教育学范畴内进行的正规培训。它代表此时此刻教师的最好状态，也代表教师可能达到的高度，这也为后续教师的努力提供了指引和方向。因此，笔者个人认为上述观点还是值得商榷的，并不能因为教师不能在每一节课的教学中达到这个状态就否认教创赛的指引、培养和孵化作用。

2. 教学片段的呈现逻辑（内容）

在确定了可以用来课堂教学实录的教学片段之后，接下来的工作是围绕教学片段的具体内容设计讲解思路。教学片段不是直接拿起来就能讲的，尤其是目前教科书里的章节都是知识点，所谓选定的教学片段不过是某个或某几个知识点而已。这样的知识点如果直接拿出来在课堂上讲就是纯粹的知识讲授，是照本宣科，不符合教创赛的要求，也发挥不出教师的主观能动性。正确的做法是围绕选定的教学片段（知识点）设计讲解的内容和呈现的顺序。

1）讲解内容

所谓讲解内容是围绕教科书上该章节的内容来确定是否增加前沿知识、实验操作、相应案例，以及设置问题等内容。教科书上的内容需要教师加工和填充，至于内容要符合评分表中关于内容的要求，如有深度、有广度，符合"两性一度"要求；体现学科前沿；体现专业思想；体现"四新"建设的成果；体现行业与社会需求。这就要求教师在重构讲解内容的时候加入最新的学科前沿研究、增加学生高阶性的训练，而不是仅停留在知识的记忆和理解层面；内容还要与行业实践和社会需求结合；内容还要反映"四新"建设的成果。所以，教师肯定需要在教科书知识点的基础上融入案例、思考题、动手操作、问题解决、思维训练、实际应用以及行业发展等内容。教科书上的知识和教师对上述内容的要求共同构成了课堂教学实录的讲解内容。

我们用例子来说明这一部分的内容，步骤是先给出教科书上的知识点，再给出自己的解读，最后再给出自己设计的内容呈现步骤和逻辑，反映在表 3-9 上，就是内容的部分。

我们先看理想主义的授课内容，这是来自《国际政治学概论》[①] 第 42 页的内容。

▌范例▶

理想主义学派是西方政治学理论中形成最早的一个学派，其思想可以追溯到近代思想家格劳秀斯、孟德斯鸠、狄德罗、康德、边沁和圣西门等。理想主义学派在哲学观点上主张的是人性善的学说，认为人类的自然

---

① 陈岳.国际政治学概论[M].3 版.北京:中国人民大学出版社,2010.

状态应有的性质是和谐的，个人利益与社会利益是协调的，只是由于某些人误入歧途，才导致国家间的冲突和战争，人的良知一旦被唤醒，误解被消除，人类社会仍旧会恢复到和谐、友善的美好社会。在政治观点上，理想主义崇尚国家和世界的民主化和法治化，主张恢复国际规范，建立国际普遍安全机构，完善国际法及其职能，加强国家间的相互合作，用理性战胜邪恶，最终实现一种和平稳定的世界秩序，避免世界战争的悲剧重演。

理想主义最初的代表人物是美国第 28 任总统伍德罗·威尔逊。早在 20 世纪初，他在《论国家》一书及其他文章、演讲中，就强调国家间的相互关系应遵守道德要求和民主原则。他在 1918 年提出的"十四点计划"，被称为理想主义的"政治纲领"。理想主义学派也因此被称为"威尔逊学派"。威尔逊的理论观点主要包括公开外交、集体安全、民族自决、国际邦联、世界政府、裁军非战、贸易平等、公理正义等。其核心是所谓的民主、正义和法律，其实质则是要建立一种以美国为领导的世界秩序。

两次世界大战之间的 20 余年，理想主义学派在西方国际政治学理论中一直占据着主导地位，其主要代表人物还有英国的弗朗西斯·布拉德利、伯纳德·博赞基特、H. 劳特巴奇和美国的乔赛亚·罗伊斯等人。第二次世界大战的爆发使理想主义学说受到了沉重的打击，在战后初期的大论战中败给了现实主义学派，从此一蹶不振。

20 世纪 60 年代后期，理想主义学派，特别是规范理论开始重新抬头。这一方面使美国在越南战争中越陷越深，美国对外政策在道德和国际法方面的合理性遭到质疑。美国的国际法学家 R. A. 福克尔再次打出了国际法和人权的旗帜，但是仍无法与主流的现实主义学派抗衡。与此同时，在 20 世纪 60 年代围绕国际政治学研究方法论的论战中，规范主义理论有所发展，即强调国际政治学理论的"理论取向"而非"实证——政策取向"，道德、伦理、人权、正义等问题成为一些国际政治理论家著述的主题。20 世纪 80 年代以后，规范主义的理论研究开始与新现实主义相融合，注重研究与现代性和后现代相关的一系列理论问题。

以上是教科书给出的具体授课内容，专业课教师围绕理想主义的主要授课内容包括：

（1）理想主义的概念；

（2）理想主义的特征；

（3）理想主义的代表人物；

（4）理想主义的主要内容和历史沿革。

专业课教师在进行理想主义教学中着重要强调的点如下。

（1）理想主义是现实主义的对立面；现实主义关注的重点是实然的东西，理想主义关注的重点则是应然的东西。

（2）理想主义的核心观点包括：①"强者能其所事，弱者受其所难"仍然是国家在安全问题上的切实感受；②自助、结盟、集体安全等成为国家维护自身安全可选择的路径。理想主义学派认为：除了战争，国家还可以通过和平手段来实现自身的安全。

（3）与现实主义相比，理想主义和新自由制度主义更加注重集体安全和相互依赖。

（4）理想主义学派代表人物美国总统伍德罗·威尔逊认为，建立国际组织、健全国际法和国际公约可以确保和平和安全。

（5）理想主义把"制度"引入到国际关系中，之前现实主义主要强调"实力"。

①在无政府状态下，国际社会成员之间具有高度的不信任感，而通过建立国际制度、成立国际组织可以增进成员之间的了解，促进成员之间的沟通和合作，从而降低这种无政府状态下的不信任感。②在一个相互依赖

的国际社会里，战争的成本越来越高。国际行为体之间建立的国际制度可以降低爆发战争的概率，加强国家间的合作。

　　总之，基于互惠基础运作的国际制度，至少是维持和平的重要力量。

　　以上是教科书上的内容以及教师在讲授知识内容的时候需要强调的重点。在实践中，教师还需要融入问题和案例才能使教科书上的内容变得丰满和容易理解。经过思考，需要融入的案例有大国绕过联合国采取行动的案例，如《共同构建人类命运共同体》的案例，还有联合国在人权、环境、非物质文化遗产、妇女儿童、难民等方面作出贡献的案例。使用的资源包括联合国官方视频、我国官方报道视频、联合国网站资源等。教师还要设计问题，如为什么有些国家能够绕过联合国采取行动？如何认清我国在国际上的地位、发挥的作用？如何正确认识联合国的地位和功能？教师还要提供学者最新发表的关于理想主义的学术研究文献，进一步拓展教学内容的前沿性和时代性，也能间接体现"四新"建设的成果。此外，这里还有一个思政元素——正确认识中国的发展大势、正确认识国际局势。通常，教师对教科书上的内容都掌握得比较好，难点在于如何对内容进行拓展，即融入什么样的案例、设置什么样的问题、设计什么样的情景等。这部分考察教师对教科书之外的整个学科知识的掌握情况，以及学科知识前沿和学科知识在实践中的应用。

　　2）呈现顺序

　　以上就是我们的内容素材，接下来，我们看一下这些内容素材用什么样的逻辑顺序呈现出来。这部分考查教师对将内容传递给学生的方式的理解，也是考查教师能否真正做到"以学生为中心"的关键，还能看出教师是否尊重学生既有的知识和学习经验。通常这部分对教师来说也是一个难点，教师与学生对于所讲授内容并不处于同一认知起点，教师是具有认知优势的。好的教师能够敏感察觉到学生的认知起点，把自己的内容降维到学生的起点来组织和讲授，即向下兼容。如果教师不了解学生的认知，就不知道学生的认知起点在哪里，或者教师以为自己知道学生的"认知起点"，按照自己的理解把知识"讲解"了。但实际上，由于学生作为接受者所处的认知位置比较低，这部分知识是无法触达他们的。有时候，教师感觉自己已经尽了最大的力气讲授内容，但学生还是学不明白，教师情绪也比较崩溃，对于学生听不懂或者知识掌握效果不如自己预期总是不能理解。除了外界的其他因素，这主要是由于教师传递知识时向下兼容不够，即没有真正做到以学生的认知、以学生先前的学习经验为中心，没有将自己的内容以适合学生接受的方式和顺序展开。我们本处所强调的是教学内容的呈现顺序。

教学内容的呈现顺序也是教学过程和方式，甚至是教学模式改革的重要环节。在教学模式中（传递—接受式），教学内容被直接地以概念、名词、术语、特征、历史、沿革、发展等方式呈现出来，没有考虑学生对于这种知识组合和呈现顺序的接受度。在探究式教学模式之下，教学内容被整合到特定的问题解决过程中或者特定的教学情境中，不是直接从教师的口中以概念、特征等形式呈现。因此，教学内容的呈现顺序也能表明教师是否真正掌握了教学模式改革的精髓。很多教师在参赛的时候明确指出自己进行了教学模式改革，体现了学生的学习主体地位。但如果深入听课，便会发现很多教师还是采用了传授式，把基本知识通过讲授"讲"给学生，他们只不过是在讲解的时候增加了一些围绕知识记忆、理解等低阶认知的讨论和提问，而不是通过问题让学生发现知识、自己获取知识。所以，真正的教学模式改革在教学过程和方法中是能呈现的。在实践中，我们可以使用 BOPPPS 有效教学结构来安排自己课中的教学顺序，即以课前复习、预习或者自学，课中 BOPPPS，课后复习、作业和拓展这样的整体安排来布局。

由于课堂教学实录主要展示的是课中部分，课前和课后的安排要依靠教师在课中的一两句话带出来，如为了提示课前的安排，教师可以使用这样的语言："我们在课前给大家布置了……"为了展示课后的安排，教师可以这样表述："这节课到这里就结束了，课后我们给大家布置一个小作业（如阅读一篇专业文献写读后感）。"所以，本部分介绍的重点是课中（课堂教学）如何展开。我们先从课中部分常用的 BOPPPS 有效教学结构入手，然后结合上文提及的理想主义的教学片段展示一个能够彰显教学模式改革、体现教创赛对教学过程和方法要求的呈现顺序。

BOPPPS 是一种以教育目标为导向，以学生为中心的新型教学模式。BOPPPS 的名称由教学模式的六个教学环节的英文第一个字母组合，六个教学环节分别是课程引入、学习目标、前测、参与式学习、课后测验和总结。

（1）课程引入（Bridge）。在开始上课时，教师可以通过视频、动画、故事、问题以及热门话题等各种方式进行导入。引入方式要讲究技巧和方法，一定要生动有趣，能够吸引学生的注意力，引发学生的好奇心及学习兴趣。同时，引入应该尽量简洁，重点是将本次课的内容和学生的已有知识或者未来可能碰到的问题有效衔接起来。

（2）学习目标（Objective）。该阶段的目的是让学生明晰本节课的学习目标，便于学生掌握学习的重点。通常可以通过板书、PPT 等方式进行呈现。学习目标应包括知识、素养和技能三个方面，目标设定要从学生的角度出发，目标明确（需要掌握哪些知识点）、适当（与课堂主题相关）、可达成（在学生能力范围以内）、可测量（设置评价指标）。

（3）课前摸底（Pre - assessment）。课前摸底的目的是掌握学生的受训能力，了解学生对本课题的兴趣及先备知识，以便调整后续教学内容的深度及进度，让课程的目标更加聚焦。通常可以采用问答、小测验、集体讨论等方式进行课前摸底。

（4）参与式学习（Participatory Learning）。参与式学习是 BOPPPS 教学

模型最核心的理念，要求体现"以学生为主体"的教学思想。在讲清概念、重点、难点等主要知识点后，通过采用个人报告、分组讨论、角色扮演、动手推算、专题研讨、案例分析等丰富有趣的方式充分激发学生的学习热情，引导学生积极参与到学习活动中来。这可以进一步加深学生对所学内容的理解程度，同时也强化了对学生的语言表达能力、沟通能力及合作能力等素养的培养。

（5）课后测验（Post – assessment）。课后测验是判断学生是否达到预期的重要环节，该阶段的目的是验收学习成果。要求在课后或者教学过程中及时评估教学效果，通过回答问题、小测验、做习题、操作演示、汇报等方式对教学效果进行评估，并根据评估结果进行教学反思整改，及时调整教学设计，从而更好地达成教学目标。

（6）总结（Summary）。总结的目的在于通过归纳本节课的知识点和厘清知识脉络，进一步加深学生的印象。与传统的教学模式不同，BOPPPS教学模型更加强调由学生自己进行知识的归纳总结。在总结过程中，应以学生为主体，教师主要起引导的作用。通常可以让多个学生进行总结补充，之后教师再强调重点、难点。

作为一种注重教学互动和反思的闭环反馈课程设计模式，BOPPPS 是教师进行教学设计及课堂组织时行之有效的组织结构之一。当然，在应用BOPPPS 有效教学结构开展教学设计时，教师需要从教学理念、教学目标以及方法上准确把握该模型的内涵，因时制宜，不拘泥于固定的形式，根据实际情况探索出适合自身及学生的有效教学模式。

接下来，我们将以上文理想主义的教学片段为例，按照 BOPPPS 各部分的要求构思课堂教学内容呈现顺序，看看这种呈现顺序与直接按照教科书照本宣科有什么不同。

第一步：课程引入（Bridge）（全程配合 PPT）

①同学们，大家上午好，上节课我们学习了国际关系两个重要理论中

的现实主义，今天我们继续学习另外一个理论——理想主义。（将本次课的内容和已有知识进行连接）

②课前已经安排大家在学习通进行线上自学和阅读相应材料（交代课前预习，突出线上线下混合式教学模式），在学习新课之前，我们先看一段视频，然后思考一个问题。（情景教学、案例导入）

③接下来教师播放某国绕过联合国直接入侵另一国的案例，相关国际法评论认为联合国已经没有必要存在。然后围绕视频向学生提问——认为联合国应当撤销的观点是基于哪种国际关系理论？这种观点正确（全面）吗？（引入新课程，同时也要连接到旧有知识）请同学们将第一个问题的答案用学习通投到大屏幕上来。（教学互动、一屏三端、科技融入教学）

④基于上节课的学习，学生很快能作出判断，时长大约1分钟，屏幕出现现实主义的答案（教学互动）。表扬同学们上节课基础知识掌握得不错，看来也都按要求进行了相应的课后复习。（注重知识点的连贯，注重随时考核、过程考核，提及上节课布置了课后作业）

⑤请同学们将第二个问题的答案也投屏上来，由于没有讲新课的内容，学生的答案一定会出现不一致。这时候教师要指出不一致，并告诉同学们这是因为我们还没有学习完国际关系的理论，想要对这个问题形成全面的判断还要学习今天的内容，即现实主义之外的另外一个重要理论——理想主义。（广泛互动、过渡自然、问题导向、引出新课）

第二步：学习目标（Objective）（全程配合 PPT）

我们这节课的任务在知识目标上是掌握理想主义的概念、内涵，理解理想主义和现实主义的差别；能力目标是最好能用理想主义理论分析不同的国际关系现象以得出正确结论；素养目标是要能正确判断联合国的走向，正确认识中国的未来发展趋势和国际局势。（交代教学目标，将知识、能力和素养目标明确列出，同时也对学生的学习任务提出要求，这个过程

要快，不能拖泥带水浪费过多时间）

第三步：课前摸底（Pre-assessment）（全程配合 PPT）

结合我们刚才呈现的视频案例，同学们已经很快作出了判断，视频中的观点是基于现实主义理论得出来的。那么什么是现实主义？现实主义包括哪些特征？现实主义的代表人物是谁？现实主义代表性的国际事件是什么？为什么现实主义与理想主义共同构成了国际关系理论的两大基石？（通过一系列问题了解学生对本课题的兴趣及先备知识，以便调整后续教学内容的深度及进度，采用提问式、小组讨论、投屏都可以，体现互动、现代教育技术、对先前知识以及知识整体性的考查，这个过程也要快，不能拖太久）

第四步：参与式学习（Participatory Learning）（全程配合 PPT）

这个步骤是核心，要将大量的时间和精力都放在这里，全程体现以学生为中心的教学理念，全程互动，全程解决问题，全程学生参与。

①为了能更好地回答"联合国是去还是留"，即对认为联合国应当撤销的观点进行全面评价，只掌握现实主义是不够的，还需要掌握理想主义的基本内涵。下面我们就结合课前在线上布置给同学们的预习资料展开对理想主义理论的学习。（引入正题，用问题引入体现 PBL 教学法，指出课前和线上的安排，强调教学重点）

②快速结合教科书对要点进行讲解，并且配合板书和 PPT。（知识目标，强调教学重点）

③请同学们结合课前学习通上的材料，包括但不限于习近平主席在联合国的演讲，联合国的机构、分工以及过去近八十年的发展历程和取得的成就来判断"联合国应该被撤销"这个观点是否正确。（用知识和检索到的信息解决问题，扣住导论提出的问题，形成逻辑闭环，强调教学难点）

④利用"一屏三端"搜集学生的答案，这时候学生的回答相对分散，

有的认为联合国应该被撤销，有的认为联合国不应该被撤销，有的模棱两可。（生生互动、师生互动，完成过程性考核）

⑤继续引导学生思考为什么大家的答案是不一致的，不同的答案是基于什么理论展开的。（再次扣住本节课的授课内容，并且还照顾了之前构成同一板块的现实主义的知识内容。考核学生理论联系实际、解决问题、深度思考等能力，培养分析、评价等高阶能力。同时达成知识目标和能力目标，完成过程性考核）

⑥由于已经系统学习完现实主义、理想主义两大理论，学生很容易就能指出主张撤销的观点是基于现实主义，主张保留的观点是基于理想主义，模棱两可的观点是认为现实主义和理想主义都有道理。（达成知识目标、能力目标，激励学生回答问题，积极展示自己对问题的理解，完成过程性考核）

⑦引导学生回顾在人类历史上，现实主义和理想主义的关系都是你中有我、我中有你。在世界一体化程度发展较高的今天，国际社会发展需要稳定的秩序，这个秩序不仅需要联合国，还需要背后强有力的国家支持，引导学生认识到，联合国具有一定的功能，为整个世界的和平、稳定、文化、妇女权益、医疗卫生、难民问题解决等都作出了卓越的贡献。但是联合国的功能受某些国家的影响，尽管之前联合国是在这些国家的倡导下建立起来的。这也说明了，中国作为新兴力量要为国际秩序的发展和维护联合国的地位和功能做出自己的贡献。（达成素养目标，完成课程思政）

第五步：课后测验（Post – assessment）（全程配合PPT）

回到本节课一开始设计的问题，联合国是否应该被撤销，再次请同学们回答投屏。这时候理想的教学效果是，作为热爱和平、维护国际秩序的中国青年，应当在充分尊重理想主义和现实主义并存的历史规律基础上，尽量维护联合国的功能，为维护世界和平贡献本国和本国青年的

力量。（通过这个环节考核学生对知识、能力、素养目标的达成度，课程思政）

第六步：总结（Summary）（全程配合 PPT）

①好了，同学们，我们的课程马上就要结束了，在下课之前，我们一起把今天学习到的知识整理一下。要想解决实践中关于联合国是否应该被撤销的问题，我们既需要……又需要……（引导学生表达出知识点内容）关于理想主义，我们需要掌握的内容有……（师生互动，知识点梳理，知识目标考核）

②知识的学习是为了干什么呢？（引导学生回答——解决问题）今天课堂上就解决了一个国际关系的小问题，课后在学习通上还有另外一个国际关系的实际案例，请同学们阅读并分析，形成 800 字的分析报告，于三天之后提交到指定邮箱。（培养学生思维和解决问题的能力，引导学生养成使用知识的习惯，布置课后作业，要求清晰，截止时间明确，对课后部分有交代）

③同时鼓励大家浏览联合国网站，加强对联合国的理解，了解联合国提供给青年学生的实习和工作机会，提升学生向外看、走出去的意识。（课后拓展 + 课程思政 + "四新"建设）

这样，我们就将理想主义的授课任务完成了，课堂教学部分不仅讲授了理想主义，还照顾了与理想主义属于同一知识模块的现实主义（先前学习的知识）；并通过视频创设了学习情景，设计一个问题并围绕该问题展开全程教学。在课程教学中，我们突出了问题导向、知识的使用、分析评价（高阶能力）、生生互动、师生互动、小组讨论、PBL、深度思考、课程思政、教育技术、课前课后以及线上线下等方面（几乎覆盖了全部课堂教学实录的评分点），也是按照便于学生理解的逻辑展开教学的。所以，这是一份在呈现顺序上比较合乎教创赛要求的教学内容。

3. 配合内容安排教学活动（活动）

其实，一旦将上文内容的呈现顺序拆解完毕，在其所属内容环节上安排何种教学活动就是一个比较容易的工作。我们在上文介绍理想主义教学片段的 BOPPPS 呈现顺序时已经提及了使用视频引入（情景教学法）、设计问题、解决问题（PBL）、"一屏三端"（教育科技）、小组讨论（生生互动）、老师点评（师生互动）、随堂评价、课前预习、课后作业（线上线下）、课程思政、形成性评价等内容，这就将一些教学活动嵌入了教学内容的呈现过程中。无论教师呈现的是哪门课程、哪个教学片段，上述提及的教学活动都不能少，因为这是评分标准考核的要点。由于上文中已经将一些具体的教学活动嵌入在了 BOPPPS 的内容呈现顺序中，这里就不再单独描述了。

综上，我们就将课堂教学实录前期准备部分的内容介绍完毕了。这个部分一共涉及两个方面内容：其一是教学片段的选择；其二是教学片段的呈现逻辑。教学片段的选择是至关重要的，教师要明白讲授课程的内容并非都适合展示，一定要选择适合在教创赛展示的教学片段，尤其要遵循本书提出的几个原则。教学片段确定之后就要思考该片段呈现的逻辑，一共包括三个方面：内容、结构和教学活动。内容是指讲解内容，即教师不能只按照教科书照本宣科，要在了解教科书知识点的基础上拓展教科书的内容（这些内容也要符合教创赛评分标准的要求），包括使用什么案例、创设什么场景、提出什么问题、提供什么资料，还包括确定什么是重点、什么是难点、强化哪些内容。还要提醒大家，教科书上的内容特别"干货"，不能直接作为上课的讲解内容，教师还需要加入一些"湿货"进去，才能打破教科书里学术用语晦涩难懂、知识点关系模糊、不怎么能连接实际生活的状态。确定完讲解内容之后，还要确定结构，即上文提及的讲解内容的呈现逻辑。总体上，教创赛可以按照课前、课中、课后三个模块来设计，但由于比赛仅展示课堂授课的环节，所以课中这部分就要丰满并且将课前、课后内容的存在用语言勾勒出来。课中部分就采用比较常用的 BOP-PPS 有效教学结构来设计，这是一个比较成型的、以学生为中心的教学内容展开逻辑，我们在上文已经介绍了 BOPPPS 的要求并对理想主义教学片段按照 BOPPPS 的结构进行了设计。内容、结构都确定完毕之后，就涉及教学活动如何设计，教师要根据讲解内容、呈现顺序（BOPPPS）设计教学活动。注意，教学活动要尽可能体现评分要点中的所有要求。最后就是风格，虽然说风格因人而异，但教创赛总体上是一个比较严肃的场合，教师在发挥个性的基础上一定要尊重自己的职业要求，端庄、沉稳、是不会错的。

（三）制作课堂教学实录的要素图

上文对一个教学片段进行了内容、结构、教学活动等全方面的拆解，下面我们要围绕表 3 - 9 将上文设计的理想主义教学片段的内容、结构、教学活动以及每个环节所符合的评价要点都填入该表中，让参赛教师对要构思的课堂教学实录、评价标准及其对前两份材料提供支撑的内在关系有更深入的理解。需要指出的是，本书在本部分并没有沿用上文所使用的线性代数的例子，一方面是因为笔者实在不懂线性代数，无法进行细致的课堂教学实录设计；另一方面是因为，线性代数这门课程较难，对读者要求较高，不适合展示①。为了能让读者有更清晰的体会，我们选择了一个社会科学领域中的例子，没有公式、没有计算，距离生活也不是特别遥远。

综上，我们就把上文提及的理想主义的教学片段在前期构思的基础上整合进表 3 - 9，并形成了属于自己课堂教学实录的表 3 - 10。只要形成了表 3 - 10，教师就做到了将课堂教学实录的内容、教学活动（宏观的课前课中课后 + 微观的具体活动）与教创赛评分表中的评价要点环环相扣，同时也兼顾了课堂教学实录对前两份文件的支撑功能。表 3 - 10 就像教师录课时的"施工图"，帮助教师在具体录课的时候做到有的放矢，不走样，保证教学效果。

---

① 本书的读者可能所涉学科广泛，文科的教学例子更好懂一些。

表3-10　课堂教学实录、评价标准与支撑功能的内剖图（理想主义）

课堂教学实录			评价维度和评价要点					支撑
宏观过程	微观过程		教学理念	教学内容	课程思政	教学过程	教学评价	
①模式 线上线下混合、探究式	②活动（教师主导、学生主体） ③内容（强调生成、应用、前沿和高阶）							教学创新成果报告 ＋ 教学设计创新汇报
课前	自学预习	学习通上关于理想主义的视频资料、文献资料	①"以学生为中心"的教育理念	①深度、广度，"两性一度"；②学科前沿	①知识、能力和价值，"三全育人"；②思政元素；③有机融入		⑦信息技术	
课中	第一步：课程引入（Bridge）							
	教师开场白	①开场引出理想主义学习主题，并与现实主义连接（已学习内容）		⑧学生已有知识和经验		②符合目标、大纲和学生特点；③教学组织、教学过程有序		
	教师语言引导	②交代课前安排，指出接下来要播放视频，用问题导入	①"以学生为中心"的教育理念	③专业思想；④高质量的教学资源		②符合目标、大纲和学生特点		

续表

	课堂教学实录	评价维度和评价要点			支撑
课中	情景教学+问题探究式教学+"一屏三端"技术+师生互动(注意此处的第二个问题贯穿全程)	③播放视频+提问,认为联合国应当撤销的观点属于哪种和国际关系理论?这个观点正确吗	①"以学生为中心"的教育理念;③符合学科特色与课程要求;④"四新"建设		
	"一屏三端"+师生互动+导入新课+连接旧课+过程考核	④搜集学生关于第一个问题的答案,进行点评		③教学组织过程有序;④教学方法创新;⑤教学互动;⑥启发思维;⑦信息技术;	①创新考核评价的内容和方式;②注重形成性评价与生成性问题的解决和应用
	师生互动+"一屏三端"导向+问题导向+引出新课	⑤搜集学生关于第二个问题的答案,指出答案存在不一致的情况,引出今天课堂学习的内容——理想主义			
	第二步:学习目标(Objective)				
	教师语言描述,迅速过渡到下一个步骤	指出这节课要达到的知识目标、能力目标和素养目标	①"以学生为中心"的教育理念	⑦教学重、难点	①知识、能力和价值,"三全育人"

续表

课堂教学实录			评价维度和评价要点			支撑
课中	第三步：课前摸底（Pre-assessment）					
	师生互动＋问题回答＋"一屏三端"＋了解学生对之前知识的掌握＋形成性评价	结合视频和问题请同学们回答上节课的内容及其与本节课内容的关系	①"以学生为中心"的教育理念	⑧学生已有知识和经验	①知识、能力和价值，"三全育人"　②符合目标、大纲和学生特点	②注重形成性评价与生成的解决和问题的应用
	第四步：参与式学习（Participatory Learning）					
	问题导入＋线上线下结合＋强调教学重点	①引入正题，强调理想主义是学习重点	①"以学生为中心"的教育理念；③符合学科特色与课程要求		①以学生为中心，教师主导、学生主体；②符合目标、大纲和学生特点；③教学组织、教学过程有序；④教学方法创新；⑤教学互动；⑥启发思维；⑦信息技术	
	教师讲授＋板书＋PPT	②快速回顾和讲解理想主义的知识点	②符合学科特色与课程要求			
	教学互动＋"一屏三端"＋利用知识讲解解决问题＋扣住导入部分提出的问题＋形成闭环＋强调这是教学难点	③整合课前学习通上的材料和刚讲解的知识点，要求学生回答联合国应该被撤销这个观点是否正确	①"以学生为中心"的教育理念；③符合学科特色与课程要求			

续表

课堂教学实录		评价维度和评价要点		支撑
课中	"一屏三端"+生生互动+师生互动+过程性考核	④搜集学生答案，答案各有不同，分成三种	①"以学生为中心"的教育理念；③符合学科特色与课程要求		①创新考核评价的内容和方式；②注重形成性评价与生成性问题的解决和应用
	强化本节课内容应用+连接之前学习内容之前+考察理论联系实际、解决问题能力+深度思考+过程性考核	⑤引导学生思考为什么答案不一致，不同答案背后的理论基础是什么？	①"以学生为中心"的教育理念；③符合学科特色与课程要求	②学科前沿；③专业思想	
	学生深度卷入+深度思考+语言表达+过程性考核	⑥引导学生对不同答案背后的理论进行揭示	④"四新"建设	①深度、广度，"两性一度"	
	师生互动+生生互动+课程思政	⑦引导学生回顾历史，揭示现实主义和理想主义的关系，关注国际社会秩序，引导学生认识到国际联合国的作用和贡献，以及中国在当今复杂的国际环境下维护国际秩序的重任	②体现立德树人；④"四新"建设	①知识、能力和价值，"三全育人"；②思政元素；③有机融入	

续表

	课堂教学实录		评价维度和评价要点			支撑
课中	第五步：课后测验（Post-assessment） 同一问题引导+投屏回答（教育技术）+检测学习效果	①回到最初设计的同题——联合国是否应该被撤销，请同学们回答并说明理由	①"以学生为中心"的教育理念； ③符合学科特色与课程要求	③专业思想； ⑤"四新"建设； ⑦教学重、难点	①以学生为中心，教师主导，学生主体； ②符合目标、大纲和学生特点； ③教学组织，教学过程有序； ④教学方法创新； ⑤教学互动； ⑥启发思维； ⑦信息技术	①创新考核评价的内容和方式； ②注重与学生成性评价与生成性问题的解决和应用
	第六步：总结（Summary） 教师引导+学生回忆+学生补充+师生互动	①整理今天学习的知识点	①"以学生为中心"的教育理念； ③符合学科特色与课程要求	⑧学生已有知识和经验； ⑨科学性		
课后	作业+培养解决问题能力+阶段性要求具体时间+时间节点清晰	①课后学习在线上还有另外一个国际关系的实际案例，请同学们阅读并分析，形成800字的分析报告，于三天之后提交到指定邮箱	①"以学生为中心"的教育理念； ③符合学科特色与课程要求	③专业思想； ⑥行业与社会需求	①知识、能力和价值，"三全育人"； ②思政元素； ③有机融入	①创新考核评价的内容和方式； ②注重与学生成性评价与生成性问题的解决和应用
	拓展+课程思政+"四新"建设	②鼓励大家浏览联合国网站，加强对联合国的理解，了解联合国提供给青年学生的实习和工作机会，提升学生"向外看，走出去"的意识	①"以学生为中心"的教育理念； ②体现立德树人； ③符合学科特色与课程要求； ④"四新"建设	⑤"四新"建设	①知识、能力和价值"三全育人"； ②思政元素； ③有机融入	

在实践中，很多教师并没有这样一份"施工图"，他们只是在脑海中有一个大致的思路，这个思路并没有被详细地设计在如表 3 - 10 一样带有具体细节的纸面文件中，因此就没有一个可见的载体来反思自己的教学内容是不是符合逻辑，流程安排是否合理，活动设置是否符合要求，课堂教学实录的所有要素能否扣上评价要点，这些在比赛中都被模糊处理掉了。有了这样一个具体的"施工图"，教师就能够对自己在每个具体环节要做什么、说什么，以及这样做、这样说是基于什么考虑，要扣住哪个要点做到心中有数。所以，作为一个成熟的、想在大赛中获得比较不错成绩的、准备充分的参赛教师，本书还是建议将表 3 - 10 制作出来之后再进行课程的录制。

在实践中，教师在课堂教学实录环节经常出现的问题有不聚焦主要问题，重点难点不突出以及授课推进逻辑错乱三种类型。我们逐一来解释一下，不聚焦主要问题是指教师的课堂讲授内容分散，没有主线将它们穿在一起，一会儿说的是这个问题，一会儿说的是另外一个问题。例如，我曾经听过一节战略管理的课程，该教师授课的主要内容是企业战略管理及其类型，这是教师给出的标题。首先，教师介绍了什么是企业战略管理、企业战略管理的类型；其次，教师介绍了华为公司发布新车，深入介绍了新车发布会和华为之前的业务并设计了一个问题——华为的战略管理是什么类型（在这部分又穿插了一些逻辑上不属于战略类型的内容，有点逻辑跳跃和主题偏移）；再次，继续与同学们讨论华为为什么能成为头部企业，它的创新点是什么（这也是笔者后来总结出来的，该教师也没有交代战略类型和创新的关系，说着说着就讨论到创新了）；最后，布置课后作业，请同学们分析长安汽车的创新点是什么，与华为有什么不同。在这个安排授课的逻辑链条里，该教师一共涉及了好几个问题，企业战略管理及其类型，华为推出新车是一个什么战略管理类型，华为新车和原有业务形成了什么创新，这种创新和传统汽车创新有什么不同。听完这节课我产生了几个疑问：第一，教师在这节课里到底要解决什么问题？是企业战略管理及其类型，还是在华为这个例子和企业战略管理类型的基础上说创新？抑或是企业和企业之间创新的不同？创新与企业战略管理及其类型有什么关系？总之，这里面的结构很混乱，教师似乎把几个与企业战略管理有关的话题都融合在一起了，这几个话题之间的逻辑关系交代得也不是很清晰。这堂课话题多、逻辑跳跃，在场的评委听得云里雾里。

另外一个例子涉及重点、难点不突出的情况，我们上课是必须明确本节课程的重点和难点的。我曾经听过有关产品层次理论的一节课，教师讲授这节课的内容顺序和逻辑链条比较顺畅，但评委就是不知道她想着重介绍的是什么。这个例子与上文的华为汽车例子不同，华为汽车例子中的逻辑链条和顺序本身是有问题的，逻辑点有跳跃。在本处的例子中，逻辑是顺畅的，但是过于平铺直叙，重点不突出。首先，该位教师介绍了产品层次理论，一共有三层。设计产品第一层是满足纯粹功能性的需求（也叫核心产品），如闹钟有叫醒的功能；第二层是满足消费者的外观需求（也叫形式产品），如设计成自行车形态的闹钟；第三层是满足消费者的个性化需求，具有独特性（也叫外延产品），如带有香水和能替换不同外壳的闹钟。上述内容介绍得很清楚，在规定的 15 分钟之内介绍了 8 分钟左右，听到这里的时候我觉得这应该是本次教学最主要的内容。但是后续的内容表明，这前 8 分钟的介绍并不是重点内容。其次，教师使用了一个例子跟学生互动，询问某几个产品到底是建立在什么产品层次理论上的。这部分教学思路也很清晰，教学效果也还可以。再次，教师介绍了不同企业基于不同的产品需求理论设计产品，结果出现了滞销款和爆款。这部分出现了主题的转换和延伸，虽然还与授课内容有关。本部分内容的讲授，教师大概用时 1 分钟。复次，教师介绍了基于不同产品需求理论设计产品与创新的关系。产品需求理论与创新又被提出，这部分用时大概 2 分钟，引导学生讨论企业如何创新部分的用时也是 2 分钟。最后，留了一个作业，涉及本地的一款农产品——小米，请同学们基于产品需求理论为该款朴素的农产品设计产品定位。至此，教师将授课内容完全阐述完毕。其实从内部来看，该名教师的授课逻辑链条是完整的，但是在授课的前半部分，教师用了8分钟介绍基础知识，这会让评委误以为产品层次理论本身就是最为核心的内容。听到中间又会觉得，产品层次理论的应用是更重要的内容，但是只有很短的1分钟左右的时间展示。听到最后又会觉得，产品层次理论与创新才是更重要的内容。这理论上也应该成为教创赛展示的重要内容，却被放在了最后，还有一部分被放在了作业里，分配的时间也很少。最后的结果是，参赛教师虽然讲完了所有的内容，但是重点、难点不突出，基础知识被过分强化，耗时久，体现高阶能力的应用、产品层次理论和创新这种更为适合比赛的内容被教师放在了后面，也没有用太多时间展开。如果重新设计，教师可以将基础知识放在线上，在课堂上以前测的方式进行考核，将课堂教学的重点放在产品层次理论的应用和创新上，这样授课重心整体后移，课程的难点、重点和重要性就凸显出来了，也更方便设计互动，同时跟企业实践接轨，具有实践性。

还有一个例子，涉及的课程在整体的逻辑设计上都有问题。我曾经在某中医学院的比赛现场听了一节课——小儿喘嗽。该教师很努力，她的医术也很精湛，但在设计课程的时候逻辑却不清晰。首先，教师介绍了小儿喘嗽的概念、类型。其次，教师组织几个学生扮演患者和医生（具体也没看出这段要表达什么）。再次，教师介绍小儿喘嗽的临床表现。复次，教师介绍小儿喘嗽的病机和演变。最后，教师介绍小儿喘嗽怎么治疗。这五个层次还是后来我跟教师交流之后总结出来的，已经看起来相对清晰了。但是这五个模块之间是什么关系？为什么是这五个模块和这个顺序？于是我跟该教师深度交流了一下，我问她这节课想帮助学生解决的最主要的问题是什么？该教师跟我说，让学生知道小孩子咳嗽分几种，从病机的角度来看都是什么。她具体跟我解释，从中医病机的角度来看，比较轻的咳嗽处于"表"，它的表现和治疗不一样；如果病情进一步进展，咳嗽加重，就来到了"半表半里"，它的表现和治疗就不一样了；如果病情再进一步发展，咳嗽又加重就来到了"里"（此时就是肺炎），它的表现和治疗又不一样了，再严重可能还会到心包经（此时就是心肌炎）。我说，那你看啊，你着重要解决的问题就是小孩子咳嗽的演变过程，你按照演变过程安排授课，逻辑不是更清晰吗？然后把小儿喘嗽的基本概念放在线上，在课堂上就按照"表""半表半里""里""心包经"这个自然而然的逻辑顺序展开，这也是一个真实存在的、客观的疾病走向。该教师豁然开朗，修改了自己的课堂实录逻辑。

从笔者介绍的几个课堂教学实录的常见问题可以看出，教师对于教学创新背景下如何安排教学内容还不太清晰。什么东西放在线上，课堂应当着重呈现哪些内容，以什么方式、顺序呈现，突出什么、弱化什么……都需要教师不断地思考和打磨。需要谨记的一点是，教师在安排内容呈现的顺序时可以写出来先做什么，然后做什么，最后做什么，即将思路先条目化，然后仔细反思这几个步骤是不是都指向一个共同的主题，上述企业战略管理和小儿喘嗽的每个步骤就没有指向一个共同的主题。在确认每个教学步骤都指向同一主题之后，再看看自己的重点、难点安排，有没有喧宾夺主、头重脚轻或者虎头蛇尾，避免出现产品层次理论这节课的问题。

综上，我们以例子的方式将教创赛要求的三份材料如何构思和制作的过程呈现完毕。回顾三份材料的制作过程，我们会发现，这三份材料所需要的内容是一样的，只不过在不同的场景之下，这些内容会以不同的方式被整合来达到具体的目的。结合表 3–11，在教学创新成果报告中是主线索，要被放在最前排表达出来；教育学的原理（大前提）、教师的课程实践（小前提）是隐含线索，在底层支撑问题—前提—结论这条线索。在教学设计创新汇报中，针对一门课的课程设计原理（教创赛使用的表达是教学设计，是大前提）结合教师的课程实践（小前提）是主线索，要被放在最前排表达出来；问题、结论和前提（成果）是隐含线索，要放在第二排被主线索传递出来。在课堂教学实录中，针对一节课的教学设计原理（大前提）和教师的一节课教学实践（小前提）是主线索，要被放在最前排表达出来；课程设计原理、课程实践，以及问题、结论和前提是隐含线索，要放在第二排、第三排表达出来。它们之间的关系，如表 3 - 11 所示。

表 3 - 11   三份材料的主线索和隐含线索拆解

材　　料	第一排（主线索）	第二排（隐含线索）	第三排（隐含线索）
教学创新成果报告	成果 （问题、结论、前提）	教育学原理（大前提）和课程实践（小前提）	
教学设计创新汇报	一门课的课程设计原理（大前提）＋课程实践（小前提）①	成果 （问题、结论、前提）	
课堂教学实录	一节课的教学设计原理（大前提）＋一节课教学实践（小前提）	一门课的课程设计原理（大前提）＋课程实践（小前提）	成果 （问题、结论、前提）

如果再将表 3 - 11 转化表达成表 3 - 12，就更能看清楚三份材料的内在关系。

表 3 - 12   三份文件的内在关系

材　　料	第一排（主线索）	第二排（隐含线索）	第三排（隐含线索）
教学创新成果报告	成果 （问题、结论、前提）	教学设计创新汇报（绝大多数情况下如此，少数情况还包含课程建设）	
教学设计创新汇报	一门课的课程设计原理（大前提）＋课程实践（小前提）	教学创新成果报告	
课堂教学实录	一节课的教学设计原理（大前提）＋一节课教学（小前提）	教学设计创新汇报	教学创新成果报告

表 3 - 12 向我们表明，教学创新成果报告的主线索是问题—结论—前

---

①　注意上文对此问题的解释。

提（即痛点—成果—举措）；隐含线索绝大多数情况下是教学设计创新汇报，也有少数教师超出课程设计范畴，进行了广泛的课程建设（即隐含线索会包含更多内容）。教学设计创新汇报的主线索是大小前提——对应（课程设计原理①和课程实践），隐含线索是教学创新成果报告。课堂教学实录的主线索是大小前提——对应（教学设计原理和一节课教学实践），隐含线索分别是第二排的教学设计创新汇报和第三排的教学创新成果报告。

五、其他注意事项

教学创新成果报告、教学设计创新汇报以及课堂教学实录是教创赛要求的三份核心材料，按理说，本书介绍完了上述三份材料的原理和实操就可以结束了。但是，常年参与教创赛的评审让笔者意识到，还有一些在三项核心材料之外的事项也需要提示参赛教师。这些事项虽然是外围的、非技术性和非专业性的，却能影响教师的状态、评委的观感，进而影响比赛的成绩，阻碍选手实现自己的参赛理想。这些因素包括语言、肢体动作、表情、衣着等。只能说，教创赛是一个考核参赛教师综合能力的比赛，教师不仅要在教学研究方面有深度的思考，还要能通过一门课的设计和一节课的录课表达出自己的教学研究成果，同时还对教师的综合表现有要求。而且，根据笔者以往的评审经验，这些注意事项往往容易被教师忽略。接下来，本书用一小部分的篇幅来阐述一下上文提及的注意事项，处理好了这些注意事项能够事半功倍，处理不好则会影响整体的呈现效果。

（一）衣着和装扮

这里的衣着和装扮既包括教师的着装，又包括教师的妆造、发型和配饰。在实践中，由于参加评审的次数太多，笔者每年能够见到各种衣着打

---

① 教创赛在这部分使用的是教学设计一词，但本质上是课程设计，上文曾反复提及过。

扮的老师。这些打扮有很多风格，有一些男老师偏休闲，一件 T 恤、夹克、牛仔裤就直接上来讲课，风格过于轻松和非正式，不太符合上课的要求，更何况教创赛还有展示和比赛的功能，是一个比较正式的场合。笔者作为评委基本上是正装出席，有些参赛教师反而不正式。有的男老师还有一个问题是不修边幅，头发过长或者油腻、胡子没有清理等情况也时有发生，男老师的主要问题集中在服装和头面部的整洁度上。女老师的着装风格就很多了，有休闲风、中性风、混搭风……配合不同的风格，还会有不同的妆造。例如，有些教师化妆，有些教师不化妆；有些教师戴很青春靓丽的发饰、耳饰；有些教师的高跟鞋又高又细，走起路来咔咔作响。这些情况都不适合在比赛时出现。

比赛的时候，参赛教师的身份是固定的——教师，而且是参加比赛这个正式场合的教师，着装要符合两个标准：①正式；②符合教师身份。所谓正式，就是必须着正装，男士着衬衫（西服）西裤，搭配相应的鞋袜。倒不一定必须系领带，但正式的着装是能够让人看出你对比赛的理解和重视程度的。男士的发型必须干净整洁。女士着装就复杂一些，因为女士的正装范围很广泛，既包括西装西裤，也包括比较正式的外套、裙装、套头衫、开衫、衬衫等。无论穿什么，选择的原则就是让自己看上去既正式又不显沉闷，没有什么太多的条条框框。女士着装需要注意的是不能太随意，全身上下包括鞋子和配饰都要统一风格，不能出现上身正式，裤子特别休闲，鞋子对应不上，发饰又很可爱的情况。女士妆容以淡妆为宜，配饰尽量不戴，戴的话要少，不要将别人的注意力引到比赛内容之外的事务上。

所谓符合教师身份是指穿着要符合理性或者知性的教师职业底层逻辑要求。无论是年长的教师还是年轻教师，一旦被确认是教师身份，其着装就跟天真、可爱、浮夸等衣着没有关系了（尤其是比赛环节）。衣服、发饰、妆容要符合知识分子的理性或者知性气质，不能让人看了之后产生对教师职业和身份的游离感。这一点掌握起来比较难，教师可以尝试多套搭配，多听取别人的意见。总之，在整体的妆造①上要正式和符合教师的身份，不能因为穿着打扮不得体而影响到自己的比赛成绩。

也许有些教师认为这一要求过于苛刻，现在是讲究个性的年代。但无论什么时候，教师的职责和定位是不会变的，教师的职业画像就是理性、沉稳、端庄，尤其是在公众场合。如果是私下聚会，衣着和装扮的尺度可以稍稍放宽，但也要适度，不能影响教师的职业形象。教师的衣着和打扮是可以反映其内在心理世界的，如果衣着和打扮不对，要么就是参赛教师对教师这个职业的理解不到位，要么就是对大赛不够重视。无论是因为哪一点，都会让评委觉得你不够专业。

（二）语言和表达

语言表达能力是参赛最重要的能力，书面的材料用书面语言呈现，现场汇报或者课堂实录使用口语呈现。比赛对语言的要求是清晰、准确、富有逻辑，再适当融入一些个人风格。然而在实践中，我们发现了各种各样的语言表达问题，下面将其一一列举出来并指出它们为什么会是问题。

1. 普通话水平一般

有些教师有很重的口音，也就是普通话不太理想，这是一个对自身不太有利的方面，需要提升。教师上课必须用普通话，事实上在考取教师资格证的时候就有普通话测试。普通话测试是分等级的，只要达到二级乙等就可以从事教师行业。二级乙等的要求其实不是很高，况且普通话测试方法比较简单，有时候并不能让那些口音很重的老师意识到自己在表达方面是有问题的。所以，这一点确实是需要注意的。

---

① 在笔者培训的学校中，已经有学校开始重视化妆和造型这部分，并且聘请了化妆团队帮助参赛教师处理简单的面部妆容和整体的服装造型。

2. 发音位置不对

有些教师在口腔过于靠后或者过于靠前的部分把声音发出来，这种发音方式在汉语表达中是不太正确的，听起来比较别扭。例如，发音在口腔特别靠前的地方就是夹子音或者娃娃音，这种语音语调不正式，不适合教师这个职业。发音位置特别靠后就有点美声唱法的感觉，这种情况出现得不多，但是偶尔也有。

3. 说话拉长音

这种说话习惯是把一句话最后一个字的发音拉得比较长，或者最后尾音一般是降调，有人把它处理成升调。这些听起来都不舒服，最主要的是这种发音方式不正式，跟理性的大学老师形象不相符。

4. 说话过快或过慢

这属于说话节奏的问题，太慢就过于拖沓，让人听起来着急而且传递的信息密度也低，听着会产生无聊感；太快就容易跟不上，信息密度也会相应增高，听起来会产生疲劳感。由于是比赛，多数老师说话会偏快，不会太慢，因为多数老师会有点紧张，人的语速在紧张的时候就会偏快。理想的说话语速是每分钟 180~200 字，还要根据现场学生和评委的反应来不断调整自己的语速变化。

5. 个人风格过于鲜明

语言是允许有个人风格的，但是教师这份职业总体而言是偏理性、偏克制的，教师的个人风格也应该符合这份职业的要求，不能使用一些感情色彩过于强烈、风格特别突出的词汇和表达。

语言这个环节很有意思，所有问题都可能通过语言暴露，但是被暴露出来的不光是语言的问题。为什么这么说呢？一方面，语言是依赖思维，语言是否清晰、准确和富有逻辑取决于头脑中的思路是否清晰、准确和富有逻辑。如果头脑中一团糨糊，对问题本身的分析不到位，期待语言能把头脑中的一团糨糊捋清楚是不可能的。另一方面，语言又有相对独立性，即便头脑中思路清晰，但语言本能不好，也没有办法将头脑中的思路表达出来，这就是俗话所说的"茶壶煮饺子——倒不出来"。所以，想要让语言清晰、准确和富有逻辑，一方面要意识到语言只是一个载体，如果自己对要表达的事物本身认识不清楚，不能期待语言会讲清楚；另一方面还要认识到语言是有相对独立性的，口腔肌肉力量不够、错误的发音习惯都会让语言不清晰，这属于语言本能的范畴。语言本能是需要训练的，如果你所在的大学有播音主持专业，不难发现一大早总会有很多学生在湖边、小树林、小公园里练习发声，背后就是这个道理。

（三）动作和手势

动作包含了手势，之所以把手势单独从动作中列出来是因为教师在参赛的时候手势运用得多，动作运用较少，但也不是没有问题，所以就分别谈一谈。先说手势，讲课必须有一定的手势，这些手势起到引导学生、强化表达效果、提示注意等方面的作用。手势不能太多，太多显得慌乱；手势也不能幅度太大，总体上还是因为教师是一个理性克制的职业，尽量让手势也能反映出我们对职业的理解。手势这部分还需要注意的一点是，手势是能反映心理状态的，有些手势代表着紧张无措，一眼就能让评委和观众（包括学生、观摩教师）看到你内心的慌乱；有的手势代表着坚定自信，一眼能让评委和观众看到你的积淀和从容。网上有很多这方面的教学视频，表达相应意思的时候可以使用相应的手势，可以简单学习几个并不断强化练习。我们需要做的就是不要忽略对手势的管理，因为这也是暴露你内心状态、展现你专业能力的一个不容小觑的方面。

除了手势这个常用的肢体动作之外，教师还有一些动作，比如走动、来到学生身边、眼神交流等。走动方面切忌太频繁，频繁就显得比较慌乱，而且要注意鞋子走动时不要有响声，有的比赛场地是瓷砖（或者讲台是木质的），高跟鞋跟瓷砖搭配的效果，大家可以想象一下。如果在这种情况下，走动又很频繁，这对比赛的影响可想而知。也许很多教师会觉得这一点提示没有什么太大价值，但是在实践中，我们真的会遇到这种情况。而且在这种情况下，教师的注意力都在展示和汇报的思路上，根本意识不到自己制造出来的"噪声"。眼神交流也是必需的，教创赛强调师生互动，在汇报的时候也要跟评委互动，这都需要有眼神交流。如果眼神总是不聚焦、不对视或者游离，会让评委产生教师是在自说自话的感觉，也是不够自信的表现。

表情管理也可以算作动作的一个部分，我们也统一在这里简单描述一下。通常参加教创赛的教师都有比较丰富的教学经验，但还是会在不经意之间表现出一些不太职业和不太专业的表情，如皱眉、撇嘴等。

（四）叙事视角

这个问题其实很隐秘，但是又经常发生。在比赛的过程中，我们经常会发现很多教师的叙事视角（人称）是乱的。即一会儿用第一人称，一会儿用第二人称，一会儿用第三人称。举例说明一下，有些教师在课堂上跟学生互动的时候会使用这样的表达——让我们一起来看看这段视频……这是典型的第一人称视角，它的好处和优点在于亲近，使教师融入听众团体之中，有代入感，缺点是由于亲近就不能保持客观理性。有的教师在课堂上跟学生互动的时候会使用这样的表达——请同学们（你们）来看看这段视频……这是典型的第二人称视角，它给人的感觉是教师在听众这个团体之外，有一些距离感，但又没有太远。还有一些教师在课堂上跟学生互动的时候会使用这样的表达——看这段视频是为了使学生能融入事件发生的情境之中……这是典型的第三人称视角。它给人的感觉是教师不仅在听众这个团体之外，还在所表达的这件事情之外，是一种全然抽离的感觉，距离感非常强，距离感强就代表着亲近度不够。

我们用上文的小例子来说明不同的叙事视角在实际上课或者交流中产生的效果不同，教师不见得非得使用一种叙事视角，不能变换。但是要保

证自己使用的视角和变换的视角能帮助自己达到教学效果。例如，在使用
BOPPPS 有效教学结构展开教学过程时，"O"是指 objective（学习目标）。
但"O"也是 BOPPPS 整个教学过程的一个部分，教学过程都是面对学生
的，通常使用的是第一人称、第二人称。有些教师在介绍"O"的时候突
然变换到第三人称——本节课的教学目标是使学生掌握……这给人感觉是
跟学生正在沟通的时候突然抽离出来了，画风突变。所以，这也是我们需
要注意的一个地方。在教学设计创新汇报的环节基本上应该用第二人称，
即锁定评委是——你（第二人称），汇报者和自己的课程用——我或者我
们的课程（第一人称）。实践中，汇报者也有用第三人称描述自己课程
的——该门课程（第三人称）……这种表述也不是不行，但总给人这门课
程与汇报者关系不大的感觉。

其实叙事视角不是不能变化，尤其在教创赛这个背景下，提交的文件
多、需要展示的东西也多。例如，教学设计创新汇报需要展示，课堂教学
实录需要展示。同时，需要照顾的受众多，如教学设计创新汇报需要面向
评委介绍自己这门课程（这里既有我，又有你）；又如课堂教学实录既要
面对学生讲课，又要在讲课时向评委呈现，对学生可以使用我们和你们，
对评委只能是你们。但是参赛教师有时候对这里混乱的内容关系和人物关
系认识不清，通常在跟评委互动的时候或者同时在跟评委和学生互动的时
候产生了叙事视角的错乱，于是听众也跟着乱了，还会觉得教师的转换很
突兀。一个很好的解决办法就是参赛教师要在每次呈现的时候问自己——
我要跟谁对话？教学设计创新汇报是跟评委对话，课堂教学实录环节是通
过与学生的教学活动跟评委对话。课堂教学实录环节容易出问题是因为教
师摆一会儿想跟评委对话，一会儿想跟学生对话。这些都不对，课堂教学
实录是通过跟学生的教学互动而与评委对话，不能光跟学生互动忽略评
委，也不能忽略了学生把评委直接拉过来讲课。

（五）材料的专业制作

这里的材料包括我们上文提及的教学创新成果报告、教学设计创新汇报（PPT）以及课堂教学实录。很多学校都已经提供了对课堂教学实录的专业支持，最近几年参赛教师的课堂教学实录视频无论是从形式外观还是从清晰度上都有很大的提升，这部分的专业性问题不大。教学创新成果报告是通过线上提交，有明确的字数限制，一般是 Word 或者 PDF 文档，这份材料的制作选手自己把握，技术难度不是很大，也不容易将选手区分开。本处要强调的是现场汇报的 PPT 部分（教学设计创新汇报），由于是线下，并且是教师本人亲自汇报，这部分的分值很重。汇报成功与否取决于三方面的因素——内容、形式和教师的呈现。我们上文已经对教学设计创新汇报的制作思路（即对内容把关）和教师呈现（穿着、语速等）进行了介绍，本处要提示教师的是 PPT 的制作。PPT 制作的水平、差异会直接导致教师汇报的效果不同，目前现场汇报 PPT 绝大多数都是由参赛教师自己制作完成，这在校赛阶段尤其如此。但到了省赛，我们就能看到有些参赛教师的 PPT 制作得特别精良，有的甚至是请专业团队帮忙制作的。

关于 PPT 制作这个环节，我们倒不一定非得花钱请专业团队制作，但是需要参赛教师下功夫，在模板的选择上要大气沉稳，符合自己的课程和教师身份，不能选择过于轻松、娱乐甚至商业气息很重的模板。在字体的选择、颜色的搭配上也要精心设计。其实在 PPT 这方面有一个非常可靠的参考模板——教育部相关报告的 PPT，我们去观察教育部的一些重要报告 PPT，基本都是白蓝搭配，如果需要再加入颜色就是红色。基本这三个颜色就够了，还很醒目[①]。PPT 制作这部分还有需要注意的一点就是图片的制作，很多参赛教师的图片非常精美，构图、色彩都很到位，再配合解说

---

① 本文提供的建议仅供参考，并不是标准答案。我也见过教外语的教师的 PPT 做得特别活泼，上面有很多蝴蝶和花朵，这种 PPT 有人反映不成熟、过于花哨；但有人认为外语课程可以这样呈现。总之，选择大气、沉稳、冷静、低调的风格应该不会有人提出异议。

就能取得很好的效果。

总之，笔者也不是从事 PPT 制作和教学的专家，本部分就是想提示参赛教师 PPT 制作是很重要的一个部分，教师要尽量保证自己在线下汇报时 PPT 在内容、形式和风格上尽量做到精美、准确，能帮助自己获得良好的展示效果。同时，还要提醒读者注意的是，本书在上文也选取了一些参赛教师甚至是笔者自己的 PPT 片段，这些片段在制作的精细度和美观度上都有待提升。笔者专门在本书的最后一部分提及 PPT 制作也是希望教师们不要被本书上文所举例子误导，认为 PPT 只要简单制作或者只做到本书上文所提及例子的样式即可①，书中例子仅是为了说明相应部分的内容和思路，并没有关注到模板、字体、构图等 PPT 制作的形式要求。

以上这些注意事项是教创赛要求的核心材料之外，需要额外注意的事情。这些是外围的，容易被教师忽略，但是忽略的后果又是严重的，会对结果产生非常大的负面影响。笔者可能总结得并不全面，毕竟笔者经历的比赛周期和次数都有限制。但是我们依旧可以从上述归纳和总结中发现一条统一的规律，即教师在各个方面都要符合教师这份职业画像，即知性、客观、沉稳、端庄，向别人展现自己的专业性。只要不符合这个"人设"，教师就必须得对自己进行调整和打磨。

也许有人会不喜欢"人设"这个词儿，认为这就是装。在崇尚自然和个性化的今天，打造人设就是虚伪、不真实，这种观点是不正确的。每个人都是不一样的，人这一生都需要通过不断提升对自己、对周围、对社会和对职业的理解来打磨和优化自己。那些认为不需要打磨自己的人（其实是不愿意改变自己），一方面对职业的要求有错觉，另一方面混淆了公和私的边界。教师这个职业是有要求的，而这个要求是凌驾在某些（不是全部）个人特质之上的。这就是为什么要有师德师风，为什么对教师的要求

---

① 书中截取的 PPT 片段只是作为例子说明该部分在内容和思路上需要注意的事项，并不说明那些 PPT 片段本身在制作上是精良、美观和完美的。

是"学为人师，行为世范"。罔顾教师的职业要求，过分强调个人的某些特质和特性是不成熟的表现，也没有深刻理解个人和社会、个人和职业之间的关系。当然，教师的职业并不是要在方方面面都约束教师个人，与教师的师德师风、职业要求没有冲突的个人爱好和个人风格还是可以保留的。总之，我们如果选择了教师职业，就要接受教师这份职业的要求并按照这份要求约束和打造自己。这不是普通意义上的"打造人设"，这是使自己更符合职业需要，成为更优秀的教师和遇见更好的自己。

附　录

"线性代数"教学设计创新汇报 PPT，可以扫码获取！

几点说明：

（1）"线性代数"教学设计创新汇报是由相应参赛选手提供，感谢该位教师授权使用和对本书写作的支持！

（2）"线性代数"教学设计创新汇报基本上沿用了本书的思路，只不过在落实的过程中结合了教师个人想法以及本课程的特点。请读者朋友们在参考该份 PPT 时关注本书介绍的思路而非个性化处理的部分。

（3）"线性代数"教学设计创新汇报将成果名称略作修改，与本书中稍有不同，如本书中使用的是"夯育人"，该汇报中修改成"重育人"。本书没有做统一化处理，因为这也反映了教师在接受指导之后的个人思考，是个性化处理的部分，但主旨并没有偏离。同时也说明，教创赛的材料是需要反复打磨的，定稿和初稿在思路和措辞上进行微调是没有问题且是必须经历的过程。

（4）该份汇报 PPT 有很多个人延伸的部分，也与本书想要表达的核心内容无关，请读者注意识别。请将注意力放在与本书有关的部分，也尊重每位教师的个性化选择。

（5）请尊重知识产权，维护作者的合法权益，不滥用该份 PPT！

结语
在比赛中获得成长：
尊重教育科学，夯实课程建设

  本书行文至此，就已经"全剧终"了。在几十万字的叙事空间里，笔者竭尽全力地结合自身多年评审和辅导教创赛的经验、多年从事教师发展和教学研究的经历介绍了三个部分的内容：教创赛的本质（认识论篇），参加教创赛需要具备的理论和实践积累（原材料篇），以及如何准备教创赛需要的三份核心材料（深加工篇）。之所以这样谋篇布局，是因为教创赛的参赛教师在实践中犯的错误都是围绕这几个方面产生的。

  首先，一部分参赛教师没有意识到教创赛的本质是教学研究，将教创赛与青教赛混淆。教创赛考查教师的教学研究能力，教师依托赛事要向评委展示自己在课程建设方面的研究和积累。因此不懂得教学研究的底层规律（正文中的教学研究公式），没有进行相应的课程建设实践（强调积累），都是不符合教创赛参赛"隐含"要求的。这类错误是根本性错误，如果教师在这方面认识不清，整个比赛的过程对教师来讲就很折磨，而且从评委的角度来看，教师也是在浪费自己的时间。因为"巧妇难为无米之炊"，教学研究能力和课程建设的积累是"米"，没有"米"硬要"做饭"对教师和评委而言都是荒谬的。

  其次，一部分教师虽然意识到了教创赛的要求，既有一定的课程建设积累，也有一定的教学研究意识（注意这里使用的是意识一词，并不是能力），但是没有参透教学研究的本质是需要用教育学理论解决问题。相反，教师们总是跟着感觉走，按照自己的想法建设课程，而不是依据科学的规律。这样就会导致虽然建设了很多课程，也有很长的建设历史，但仍处于摸索和自由探索阶段。既没有依据课程规律建设，也没有产生太有价值的结果，教师从始至终都在跟自己的感觉为伴，收获的也只能是感性认识，不是本质认识。教创赛解决的是教育学问题，需要用教育学原理（如果不明白这个道理，可以想象一下牙疼是不是得找牙医解决，原理是一样的）。大学教师在这方面之所以会自由探索、跟着感觉走，是因为他们中的大部分人不具备专门的教育学理论基础，没有接受过系统而完善的教育学训练。不懂教育学，也就不懂怎么用教育学原理解决问题。大学教育与之前的教育都不同，大学教育是专才教育（分专业），大学之前的教育是通才教育（不分专业）。九年义务制的教师基本上能保证出身师范院校，大学教师之所以能当教师是因为他的专业而不是因为他出身师范。举例来说，笔者是因为所学专业是法学而留校当法学教师，有些教师是因为专业是医学而留校当医学教师，有的教师是因为专业是化学，所以留校当化学教师。

那么，问题就来了，大学教师通常不会质疑自己的教师身份，认为自己是符合教师要求的。但实际上，教学还需要有教育学的背景和理论支撑，这就是为什么在每个学校都设有教师教学发展中心，专门培训教师的教学能力。很多大学教师是不懂教育教学的，他们之所以能上课就是靠着岗前培训的知识（培训的时候，新入职教师对教育学知识吸收得很有限，因为绝大多数参加岗前培训的教师是没有教学经验的，有时候听不懂培训老师在讲什么）和在上学时期对教师们的残存记忆，在此基础上形成了自己朴素、原始的上课风格。他们并不觉得自己上课有什么问题，但事实上如果真想把课上好，不仅要懂自己的学科专业（正文中的小前提），还要懂一些教育学原理（正文中的大前提）。例如，"以学生为中心"的教育理念、PBL 教学法和探究式教学模式。教师能否上好课全凭个人悟性，能否成长为好教师全凭个人机遇。在当今这个时代，在教育学有成型、完备和系统的知识的情况下，还要靠这种方式（自由探索＋随机）成长，无疑是高成本和不科学的。

所以，本书在第二部分花了很大的篇幅将参加教创赛需要具备的"原材料"——理论知识和课程实践一一拆解，并与教学研究公式相结合呈现它们复杂的内部结构，希望能够帮助教师看清楚参加教创赛必须具备的"米"，有"米"才能"做饭"。

再次，绝大部分教师即便在有"米"的情况下，也不会加工——不会"做饭"。所以本书在第三部分安排了深加工篇，主要是介绍如何制作出三道可口美味的"饭菜"——教学创新成果报告、教学设计创新汇报以及课堂教学实录。可以说，这三道菜都离不开上文所说的原材料。虽然具体的加工方法不同，但是三道菜又构成了一个有机的体系，有荤有素、营养美味。在制作每一道菜肴的时候，笔者都精心制作了"菜谱"（正文中的各种表格），"菜谱"中既包含了深加工方法，又涵盖了评价要点（采分点），还兼顾了这道菜在整个体系中的地位和作用，做到了既能维护全局，又能照顾细节。光有"菜谱"也不能保证我们的"厨师"学员们就能学会"做菜"，于是本书在每道菜下面用实际的例子来展示实践中"厨师"学员们常犯的错误和操作要点。最后还贴心地制作了一道示范"菜品"供"厨师"学员们参考和品鉴。希望这套依托教育学理论基础，有详细操作步骤，又有示范"菜品"的方法论能帮助我们的"厨师"学员们快速上手。

最后，教创赛不仅仅是考核"厨师"最后制作和提交的"菜品"，"厨师"本身的综合面貌也会对"菜品"的评分有影响。本书在最后一小部分总结了笔者作为一个"老厨师"和"老美食家"观察到的"美食制作"之外的一些细节。包括衣着、装扮、语言、手势、动作，还有叙事视角（这一点很隐秘，很少有人能发现），希望能够全方位地打造我们的参赛选手。

比赛从来都不是单纯的比赛，有时候还是我们的人生，探索我们对自己和生命的理解与体会。无论出于什么目的参加比赛（有的可能是为了评职称，有的可能是为了荣誉，甚至还有的可能是因为指标摊派而被动参赛），如果能从科学的理论出发，细致审视自己手中的课程，抱着成长和观察的心态来参与比赛，都可能收获人生中虽然会很折磨，但也丰富和深刻的一段体验。若干年之后再回首，你会发现，人生的路，每一步都算数！愿所有的教师都能走好这一步！